谨以此书献给我的家人、恩师和朋友们。

周广仁先生（钢琴家）
与笔者

高参（中央音乐学院副教授）
与笔者

金飞豹老师（探险家）
与笔者

丹增先生（中国文联第九届全委会副主席）
与笔者

韩磊（中国男歌手）亲笔题字送笔者

诗莹印象

与艺术灵魂的对话

王诗莹 著

人民日报出版社

北京

图书在版编目（CIP）数据

诗莹印象 / 王诗莹著. -- 北京 : 人民日报出版社,
2020.11
　　ISBN 978-7-5115-6607-2

　　Ⅰ.①诗… Ⅱ.①王… Ⅲ.①文化－名人－访问记－
世界 Ⅳ.①K825.4

　　中国版本图书馆CIP数据核字(2020)第204906号

书　　　名：**诗莹印象**
　　　　　　SHIYING YINXIANG
作　　　者：**王诗莹**

出 版 人：刘华新
责任编辑：林　薇　陈　佳
装帧设计：阮全勇

出版发行：人民日报出版社
社　　址：北京金台西路2号
邮政编码：100733
发行热线：（010）65369509 65369512 65363531 65363528
邮购热线：（010）65369530 65363527
编辑热线：（010）65363486
网　　址：www.peopledailypress.com
经　　销：新华书店
印　　刷：三河市嵩川印刷有限公司
法律顾问：北京科宇律师事务所 010-83622312

开　　本：710mm×1000mm　　　1/16
字　　数：226千字
印　　张：16
版　　次：2020年11月第1版
印　　次：2020年11月第1次印刷　2022年4月第2次印刷

书　　号：ISBN 978-7-5115-6607-2
定　　价：56.00元

在脆弱的连接中寻找内心真正强大的力量

丹增

　　博士是最高的学历，教授是最高的学位，这两样是我人生追求的目标，可一样也没有得到。我特别仰慕那些有了这样的光环，还能读书、写书、教书的人。喜欢爱书的女性，书不是胭脂，却会使她心颜常驻；书不是棍棒，却会使她铿锵有力；书不是万能的，却会使她千变万化。因为书中收藏着历代精华。

　　与诗莹的初次碰面，缘于一位老友的引荐。这个女孩给我的第一印象是，她是一个有梦的人，我喜欢做梦，梦让我看到窗外的阳光、无边的彩霞、不变的召唤，引领我一个又一个目标。我感到，她是个音乐家，梦赋予她豪迈的宣言，启发了她的初心。整装待发，美梦打扮，实干开始，这不仅仅是一本书，它证明了梦的真实与壮丽，我估计她心里藏着的话是，"没有泪水的人，眼睛是干涸的；没有梦的人，他的夜晚是黑暗的"，我大胆地掏出了心迷。

这本书里是有关艺术的那些事，艺术是高尚情操的宣泄。美是艺术的最高原理，同时也是最高目的。她敢于走出自己的舒适区，去探索生命中更多的未知；她将国内外一线的艺术资源引入昆明，培育城市的高雅艺术灵魂社群；她创办自媒体平台，大胆尝试跨界合作；她自如游走在社会身份与自我认知之间，在似水流年的生活中践行着生活的艺术。用镜子照见你的面孔，却用艺术作品照见你的灵魂。音乐是人类共同的语言，是空气中的诗歌。音乐使男人心中烧出火来、女人眼中催出泪来，在那弥勒酒店的琴声，至今缠绕着梦幻般的形象与情绪。

所以，当她请我给即将刊印的《诗莹印象》作序时，我很乐于为她这份于无声处的坚持添上几笔。我从这本书看到了作者的灵感与勤奋，她在少女的时候，窗前托腮凝思，想做一朵云的诗，还是做一只蝶的画；风中奔跑的少年时，想做一只鹰，与天比高，还是做一条壮阔的河流，为大地抒怀。她现在许多明亮温暖的记忆，如涌动的灯油，点燃了心灯，落笔纸面，把心掏出来，捧给那些向她敞开胸怀的人。

作为一名曾经的文字工作者，我深知写作固然能带给人愉悦和满足，但更多的时候是对人心力付出的长久考验。特别是人物访谈这种形式，不同于散文诗歌只关注于自我内心世界的映照，而是需要摸索、搭建不同灵魂之间的脆弱连接。

在认真地读完书中收录的数十篇文章后，我能清晰地感受到用隐忍、包容和厚度，淬炼成的一股柔软的力量。诗莹用简洁的笔触，勾勒出不同受访嘉宾的事业轮廓、人生片段，在适度走入与理性抽离之间，达成了一种微妙的平衡。对于没有经过专业训练的人来说，这份成熟的笔力就足以令人称道。

我似乎看到了她的灵魂。储藏在她心中的灵魂，闪动在她的眼里，流露在她的嘴上，她毫不掩饰地展现自己的学识、品格、趣味、审美、性格。音乐、电影、绘画、雕塑、设计是灵魂的镜子。语言是反映作品的另一面镜子，知识的深与浅、趣味的雅与俗、思维的文与野、动机的纯与杂，眼神足以传情，语言足以述怀。

当然，人的内心世界宛如钻石一般，拥有多个切面，不同的角度折射出的光芒也不尽相同。从某种意义上说，无论多么成功的访谈都是"局部真实"，这并不重要。重要的是，能否在短暂的交流中，实现人心的落地生根，进而在互不设防的土壤下缠绕出更多的共情脉络，这正是诗莹做得成功的方面之一。很多受访嘉宾与她成为好友，便是对我这种判断最好的佐证。

如你所见，本书收录的几十位嘉宾，来自不同的行业，他们如同一个个闪光体，在照亮自身的同时，也互相辉映着，以不同的视角串联起我们这个时代的光阴流转、喜怒哀乐。在这个过程里，诗莹是参与者，更是记录者，她耐心地记录每位嘉宾真情流露的瞬间，将其充盈进自己的笔下，使自己的作品流淌出一条条平淡而耐读的情感溪流。

也许有很多人不理解，诗莹为何要将与她工作和专业并不关联的写作坚持了数年之久？在我看来，她在用一个个"别人的生活"来印证自己关于人生立场、边界的猜想。这种印证本身，就需要足够的勇气和毅力，世间群像，光怪陆离，一个个问题，便是一条条丝线，将不同时间、维度的叙事编织成一张大网，托起灵魂，举头三尺，观省自身。

我们处在一个追求美的时代。我这个年龄，曾几何时，有过谈美色变的年代，美像个受欺凌的丑小鸭，孤独而又害羞。现在大街上满目生辉，使人想起春天的花园。对生活的热情唤起了人们对于美的需求。那天是个朋友聚会的时刻，地点在昆明的后花园弥勒。云南的冬天犹如春色到人间，草木先知，不到庭院，闻见一股淡淡的清香，渗进人的心肺。再看路边的红梅、白梅、绿梅，真是百花斗艳。罗旭设计建造的土著巢，圆而大的拱顶，威严的淳朴，具有巨大、轻捷、重叠的造型气派，又有自由、广阔、浪漫的艺术品位。午餐结束，一位成熟的女性走到钢琴旁，开始用一个手指头定调，诗莹明白了这个暗示，微笑着搁下手中的物品，坐上凳子，弹奏起来。旋律在拱顶回荡，在场的人感觉到了一股温暖的快乐与天然和谐的唯美。是的，"乐"是人心的至善追求、生命的至高成就、天下的至美境界。那天的弹奏是动之以情、发乎于心、百花含笑、万从知音，令我久久难忘。

诗莹曾说，她一直想找个机会，把受访过的所有嘉宾邀约在一起，寻一处青山绿水之地，席地而坐，畅然而谈，尽兴而散，这便是最诗意的聚散离别。希望她这个美好的愿望可以尽快实现。

作者为中国文联副主席

2020.8.15

第二章 角色的灵魂

第一章

用音乐连接世界

音乐，

是我们送给自己的最好的人生礼物之一

"

　　音乐是一种神奇的艺术语言，它具有神奇般的感召性。美好的音乐其实并无年龄的界限，任何人都可以从任何入口、任何维度进入音乐的世界。而音乐家，则是一名自带光环的向导，引导我们发现音乐王国无法言尽的玄妙。

　　我很荣幸与众多在各自领域有着极高造诣的音乐家朋友对谈、交流。在聆听他们人生故事的同时，我发现了一个有趣的现象：尽管由于机缘的不同，他们步入音乐世界的方式也各种各样，但有一点是共通的——他（她）爱上音乐的过程是自然的、自觉的、不受外在因素干扰的。

　　在走近他们艺术灵魂的同时，你也会不自觉地敞开心扉去接受音乐的洗礼，然后在内心里细细品味，这样的乐趣何止妙不可言，简直就是人间至福。

　　我很喜欢一句话：无论何时，都别让自己眼底的光芒暗淡。而音乐，就是点亮我们人生的一盏心灯。

● 恩师周广仁：广传琴艺，仁者大爱

一直想为我的恩师周广仁先生写点什么，但每次提笔都不免心中惴惴：周先生治学严谨、桃李满园，获得的荣誉更是车载斗量、不可胜数。唯恐自己笔力不逮，不足以描绘先生风采于万一。近日赴京拜谒周先生时，得先生鼓励，才大胆起笔，成此篇拙文，谨以此表达我对恩师的敬仰之情。

周广仁先生，中央音乐学院终身教授，中国第一位在国际比赛中获奖的钢琴家，被誉为"中国钢琴教育的灵魂"。

作为一名钢琴教育家，她直接培养和教育出的专业钢琴人才达300多人，她的学生许多在国际国内重要比赛中屡获大奖，其中包括逄勃、盛原、刘宁、林海、王笑寒等中国知名青年钢琴家。

我有幸与周先生结缘是在2008年，当时出于提升自己专业技能的考虑，我在还没有找好老师的情况下，就冲到了北京。在已故的云南钢琴泰斗叶俊松先生（我称呼其为爷爷）的引荐下，我忐忑不安地找到周先生的家里。

当我怯生生地向先生询问是否可以听一节课时，周先生笑眯眯地

摇了摇头："听课没有什么意思，如果你想学，我教你吧！"如今回忆
起当时的情境还恍如昨日，被幸福砸得晕头转向的我，狂喜、激动、
感激之情实在难以言表，至今，与周先生相识已有八年光景，获益
良多。

我是新中国培养的钢琴家

1928 年，周先生出生在德国的莱茵河畔，父亲是留德的机械工程
博士。4 岁那年，周先生随家人回到中国，10 岁开始学习钢琴，先后
师从钱琪、丁善德、杨嘉仁、梅·帕契、马库斯等中外名师。

用现在的话讲，周先生是典型的"年少成名"：1945 年，16 岁的
周先生已开课授徒；1948 年，19 岁的周先生就与当时号称远东第一的
上海租界工部局的管弦乐队合作，演奏了莫扎特的《d 小调钢琴协奏
曲》和肖邦的《第一协奏曲》，引起轰动，她的名字更是经常出现在中
外报刊中。

周先生还曾作为钢琴师受邀出席"中国航天之父"钱学森与著名
歌唱家蒋英的婚礼。与一般婚礼上常用的瓦格纳《婚礼进行曲》不同，
周先生为两位新人弹奏的门德尔松《婚礼进行曲》更加激昂、明快。"这
样蒋英才可以与其他慢悠悠的新娘不同，踏着大步迈进会场。"如今谈
起这段佳话，周先生依然一脸的兴奋。

上海解放初期，周先生也曾有机会出国发展，在当时中央音乐学
院华东分院院长贺绿汀的建议下，周先生最终选择留在祖国。

"作为音乐家，首先得具备一定的天赋，但对于我来说，勤奋刻苦
起了重要作用。我有今天，也与我遇到比较好的老师有关。有中国老
师，也有外国老师，都是不同学派的好老师，如意大利钢琴家梅·帕契、

犹太钢琴家马库斯、匈牙利盲人音乐家贝拉·贝莱（李斯特的再传弟子），还有犹太音乐大师卫登堡。

"最关键的就是党和国家对我的培养。尽管我成名比较早，但是真正成熟还是在新中国成立后，我再三强调：我是新中国培养的，我是在中国土地上吸收了很多外国东西，但都不是在外国学的。新中国成立前是家庭给了我良好的学习条件，新中国成立后是党和国家培养了我。"

爱钢琴如生命

乐器是演奏家表达音乐的工具，也是与之心灵相契的伴侣，而周先生更是把钢琴视为生命中的一部分。周先生拥有的第一架钢琴，是17岁时祖父的一位德国朋友因回国定居而留给她的。此后，周先生从未离开过钢琴。

1982年5月，因为一场意外事故，周先生的右手无名指当场被砸断一节，中指和小指粉碎性骨折。虽然之后经过手术，她的中指和小指保留了原来的长度，无名指却永远短了一节。术后刚刚拆线没几天，她就在医生的指导下进行练习。两根受伤的手指最初一点都不能动，每动一下都钻心地疼。后来能动一点了，她就套着医用的橡皮手套，指头前裹着棉花开始练琴。

就这样，凭着惊人的毅力和顽强的精神，周先生在短短一年的恢复与练习后重登舞台。在北京大学的礼堂里，肖邦《摇篮曲》抒情、唯美的旋律在她的手指下静静流淌。演出后，她把主治医生请上舞台，那一幕感人的场景，让现场观众无不动容。

桃李不言，下自成蹊

"我的启蒙老师钱琪先生，在教我新曲子之前，都会当着我的面先弹一遍，就是为了启发我对学习钢琴的兴趣；后来的丁善德先生、杨嘉仁先生也是如此。他们的言传身教使我明白：要教好学生，自己首先要弄清楚许多概念和问题，还得动脑筋、花时间去思考怎样改正学生的毛病。克服了学生的毛病，自己在演奏技巧上也更进了一步。"

平日里的周先生举止优雅、和蔼可亲，对于那些在北京学习、生活不方便的外地学生，她还会把他们叫到家里"白吃白住"；但在课堂上，她又颇为严格。她非常守时，每次上课都提前到课堂，而每当有学生迟到，她都会不留情面地予以批评。教学中，她注意倾听学生的弹奏，善于发现学生的优点并加以鼓励。而对于学生的缺点，她也会循循善诱，提出有针对性的解决办法。

周先生十分重视学生基本功的训练和演出实践。她认为基础训练应包括端正的学习态度，钢琴演奏的明确概念、技法和表现规律，敏锐的听觉，独立理解和处理音乐的能力等方面。她也很重视学生的音乐和文化修养。

"音乐语言有它本身的规律和文法，必须学会看懂和听懂。学音乐和学外语一样，学外语只会拼音不行，学音乐只知道音符、拍子而不懂音乐的语言、逻辑、规律同样不行。事实上，有些人学到一定程度就再也弹不上去了，并不是他的手僵硬了，而是头脑空白了。"

老骥伏枥，壮心不已

2015 年 1 月，《周广仁钢琴手指基本练习》一书出版。此书是周先生数十年钢琴教学的精华集萃，在谈及当今的儿童钢琴基础教育时，周先生说："让孩子学得高兴，兴趣最重要。首先选曲不要太难，多样化一些。比如，给孩子选一些很好完成的曲子，一天两小时，一个月拿下四首曲子，照这个速度积累，一年下来能学多少首曲子？只有自身有成就感了，孩子的钢琴水平才会提高，才会越学越有兴趣。

"打基础阶段，读谱要正确，这是我的老师、著名的音乐教育家杨嘉仁先生给我的启示。不要一上来就拿'演奏风格'这种很玄妙的要求来难为孩子。教学方式要以鼓励为主，要有耐心，打基础阶段千万不要着急。

"孩子是否有天赋，要听其自然。有的孩子相对喜欢练琴，家长应给予支持和鼓励，给他找个好老师。如果孩子不喜欢弹琴，那就多听，多听 CD、音乐会，兴趣慢慢就有了；如果对乐器实在没兴趣，那就干脆不要学。我们不需要很多音乐家，我们需要的是很多热爱音乐的普通人。"

写于 2016 年 3 月 8 日

● 戴玉强：用音乐启迪"慕艾"之心

"很多人喜欢我的歌声，其实是喜欢我的经历，这便是我歌声背后的故事。"初见戴玉强老师时，他给人的第一印象是阳光且充满亲和力的；当你走近他，则会感受到他笑容背后那种澎湃的激情，淡淡的，却充满力量。

提到戴玉强老师，很多人都对他发起的"戴你唱歌"大型网络声乐慕课津津乐道。这个旨在面向广大高雅音乐爱好者群体免费开放的课程，一经推出，就受到了很多"强粉"的热烈追捧，笔者也是其中之一。

与传统印象里的专家授课不同，这档课程更像是一场高雅音乐艺术的脱口秀，戴玉强除了现场教学、点评外，还"客串"了一把主持和暖场的工作。各种艺术理论、知识用浅显幽默的话风娓娓道来，台下上自白发苍苍的老者，下到天真可爱的孩童，无不沉醉其中，经常不知不觉间，课程已经进行到尾声。

"音乐对每一个人都是平等的。"这也是戴玉强发起这项网络课程的初衷，"《文心雕龙》里面有句话叫'操千曲而后晓声'，这是一个过程。我去大学讲课时，很多学生会跟我说：'戴老师，我听不懂歌剧。'对此，我的回答就是：'你去剧院听歌剧，听的是音乐，不是故事。'我们都知道，歌剧的故事情节并不复杂，有时候即使对歌剧的情节一无所知，也不妨碍你去感悟音乐之美。哪怕你说不出专业的点评，但是能感受到音乐带给你的愉悦。

"之所以叫声乐慕课，这个'慕'字很重要。《孟子·万章上》里面有一句话：人少，则慕父母；知好色，则慕少艾。这就是'知慕少艾'的由来。古人所说的好色，不等同于现代语法里的意思。慕，有亲近、向往之意；艾，泛指美好的事物。我们常说爱美之心，人皆有之；那么，对于艺术、高雅音乐的'慕艾'也是人的天性之一。我所做的就是用自己的努力，把大家的天性唤醒，从被动接受到主动求索。这才是中国高雅音乐市场未来的根基所在。"

作为世界三大男高音之一——帕瓦罗蒂在亚洲唯一的亲传弟子、中国当之无愧的歌剧王子，戴玉强本身已经成为一种音乐现象、一种标志。有趣的是，诸多光环下的戴玉强并没有养成"谨言慎行"的习惯；相反，北方人骨子里的豪爽大气造就了他敢说的"特点"。

"不客气地讲，现在市场上的'文化垃圾'太多了，'高大上'的演出也太多了，很多有质量、有品质的东西反而渐渐不见了。尤其是高雅音乐的演出市场，过度包装现象十分严重。"谈及此，戴玉强的语气里多了一丝焦虑。

"我希望带给大家'货真价实'的演出。2014年年底的巡回音乐会中，全程没有扩音器，只有一架钢琴伴奏。对此，很多观众都感到疑虑，但是只要他们走进剧场听完演出后，都很兴奋。此外，我的演出定价都很亲民，没有赠票。我相信，随着中国艺术市场的成熟和观众欣赏水平的提高，真正可以存活的一定是有艺术功力和内涵的。"

中国高雅音乐"走出去"和"走下去"，是戴玉强一直在思考的问题。为此，他一方面致力于将中国的歌剧推向国际舞台，一方面想方设法将更多的年轻受众吸引到剧场里来。比如，正在推进的网络公益教学，戴玉强也乐于给更多的青年歌唱家机会。

"任何艺术形式想要留存发展，都离不开年轻群体的喜爱和支持，这是一个潜移默化的过程，千万不能流于说教。很多年轻人对于音乐的理解已经处在一个比较高的水平，我在他们这个年纪时，远远没有他们的水平。我最初是学建筑的，音乐属于半路出家。只要他们肯吃苦，我对中国高雅音乐的未来还是充满信心的。"

从农民之子到中国著名男高音，戴玉强的经历充满了励志色彩。很多人尊称他为大师，对此，戴玉强自己的回应很幽默："大师不敢当，但是正在朝着大师的方向奔。"

谈及所谓的成功秘诀时，戴玉强变得很严肃："世界上的很多事情，都不是完成时，而是进行时。选择从事艺术尤其如此，最重要的是坚持。正如我一首歌里的歌词'当坚持成为唯一的选择，我的命运被星光恩泽'。"

在与戴玉强老师的对话过程中，我一直在思考着：作为一名音乐教学一线工作者，音乐，尤其是高雅音乐之于普罗大众，究竟是怎样的一种存在？佛家有"眼耳鼻舌身意"六根之说，其中，人类的耳根最利，所以音乐是人类启迪"智慧—灵感"的最佳工具。任何外在的说教终究抵不过天性使然，只有常怀"慕艾"之心的人，才能将这种感受传递给更多的人。为此，戴玉强老师一直在路上，而这也是他带给我的另一种启迪吧？

写于 2016 年 1 月 5 日

● 卢庚戌：青春散场，一生有你

1994 年 4 月，一盒名叫《校园民谣》的盒带由大地唱片公司推出，从此校园民谣有了自己的名字。至今 20 载匆匆而过，作为 20 世纪 90 年代内地流行乐坛最具情怀的音乐流派，它像流水一样覆过一代人的身体，留下了挥之不去的印记。在一代代的校园民谣歌手中，"水木年华"这个名字没有理由不被提起。而作为水木年华组合的主唱，卢庚戌可谓是一代人"青春记忆"的见证者。

2015 年，《一生有你》电影音乐宣讲会走进云南大学、云南艺术学院等五所高校进行巡回演讲。作为这部青春电影的导演，卢庚戌与在场学子聊起了校园、青春、爱情、梦想。这些曾经作为校园民谣"标签"的词汇，并没有随着时间的流逝而淡漠，每每提起，还会勾起令人心动的往昔情愫。

"因为梦见你离开 / 我从哭泣中醒来 / 看夜风吹过窗台 / 你能否感受我的爱。"这首《一生有你》早已跨越时代，成为 70 后、80 后，甚至 90 后的集体回忆。当一位昔日的校园文艺青年得知我要采访卢庚戌时，那种激动之情还宛如少年："他的歌词会让你有种似曾经历的代入感，听卢庚戌的歌，就像看电影一样，一个个往日的场景全部出现在脑海里，不知不觉泪就流下来了。"

1989年，卢庚戌以辽宁省营口市理科第一名的身份考入清华大学建筑系，是个不折不扣的"理工男"。从如今叱咤音乐圈的宋柯，到后来的高晓松、卢庚戌、李健，清华大学这块"理工土壤"上从来不缺乏音乐的"营养"。回顾当年的青葱岁月，卢庚戌也是感慨万千："校园民谣可以算是一个时代特定的产物，那种专属于校园的感动，那种单纯的美好，会转化成惊人的创造力，这是一种情绪，需要宣泄。"

在提及校园民谣当年的火爆时，卢庚戌说："其实，校园民谣的走红，旋律只是一部分，真正打动人的是歌词。每首歌的背后，都有一个平凡美丽的小故事，每一首歌都是关于一些人的青春纪念。在创作时，我时常有一种冲动，想告诉年轻和不再年轻的人们，生命无常，年轻与美丽，生于年轻的生命和年轻的心灵中，它是我的，希望也是你的。"

2001年，卢庚戌与校友李健成立了"水木年华"组合，从此成为中国校园民谣的旗帜之一，其代表作品诸如《一生有你》《在他乡》《再见了最爱的人》等更是家喻户晓。

"如今，时代已经不太需要校园民谣了。"说这话时，卢庚戌的语气云淡风轻。的确，曾经风靡一时的校园民谣进入了沉寂期，众多校园民谣歌手也纷纷转型。"校园里有很多人在做音乐，却没有多少人在做校园民谣。如今的校园学子与我们当年已经很不一样了，有更多的选择、更多的机会，也必然会催生出更多的音乐形式。

"其实，进入互联网时代后，唱片的黄金时代就已经结束了。我们当年出道时，专辑动辄卖出几十万、上百万，大部分的钱也都被盗版商赚去了。如今，大部分的中国听众更习惯从网上免费下载歌曲，这对于歌坛不是一件好事情。"

对于转型当导演，卢庚戌称，他想更多地表达自己，表达更多的东西，和音乐相比，电影可以承载的东西更多，牵涉到摄影、道具、美工、演员等诸多方面，是一门综合性的艺术。

青春应该充满正能量

谈及当今的青春电影，卢庚戌骄傲地提起 2014 年其执导拍摄的电影《怒放之青春再见》。"没有堕胎、没有车祸、没有癌症，青春电影就没有看点了？当然不是，电影以一个男人的视角去回望青春，给出了一个生命需要怒放的理由。当然，《怒放之青春再见》的尝试算是我本人对于大电影的第一次试水，有很多不足，也收获了很多经验。"

2015 年年初，卢庚戌创立了梦时光（北京）文化传播有限公司，携第二部青春音乐电影《一生有你》强势归来，而电影同名 IP 更是获得了 500 万元的天使投资。"《一生有你》作为一首经典歌曲，具有很强的用户消费基础和巨大的市场开发潜力。

"成立梦时光电影公司，是希望立足大电影产品，通过结构化、平台化重组传统影视产业，打造项目开发、制作、宣传、营销一体化的电影梦工厂。从商业角度看，中国电影正处在史上最好的时代，青春片更是以黑马之姿不断刷新票房纪录，这也是梦时光将切入点放在青春片上的初衷之一。

"青春，是一个关键词。80 后正处在告别青春的阶段，他们愿意走进影院怀念自己的过去；90 后正处在青春时代，他们也愿意走进影院见证自己身边发生的故事。一切美好的记忆都应该得到镌刻和延续，为此，我的追梦之路没有终点。"

写于 2016 年 1 月 8 日

● 高参：保持前行，静待美好

如果要为 2015 年的昆明艺术演出市场提炼几个关键词的话，"高参"一定名列其中。有趣的是，这个在 2015 年年末刷屏了昆明人朋友圈的名字，并不是我们平日里所说的"明星艺人"。当然，作为近年来国际乐坛上最耀眼的新星之一，高参本身就自带"话题光环"。但在笔者看来，与其说是高参引爆了昆明这座城市的艺术热情，不如说是在一个对的时间，有一个对的人来到了你身边，一切就是如此简单而美好，恍如爱情。

生于重庆、求学北京、游学海外的高参，身上兼容了重庆男人的外柔内刚和北京男人的直爽大气。在外人眼中，高参很安静，脸上总挂着淡淡的笑，绅士而优雅；而在朋友眼中，高参就是个典型的 80 后大男孩，热情幽默，坚定地行走在自己的音乐道路上。

"他是一位少有的天才，具有很高的音乐水平。演奏富有色彩，技巧完美，音乐表现完美。"高参的恩师——中央音乐学院知名教授、我国著名小提琴教育家林耀基曾这样评价高参。

而在高参看来，在中央音乐学院本科和硕士学习的七年里，是他人生中最重要的学习阶段。2000 年，高参从附中顺利考入中央音乐学院本科，拜入林耀基先生门下。"能跟林老师学习是一件非常幸运的事。"高参告诉笔者，林教授总是强调要向生活学习、向自然学习、向同行学习。"他上课讲得更多的是乐器以外的东西。他使我明白，对艺术的探索应建立在充分的练习之上，两者相结合才能创造出具有生命力和表现力的音乐。"高参说，林耀基教授向他传授的不仅是小提琴的演奏方法，更多的是做人的道理、音乐与哲学的关联，以及其对音乐艺术的独特理解。七年的学习奠定了高参日后对音乐事业的基本信念。

多年后，作为中央音乐学院大学部最年轻的副教授，高参也将这个理念传递给他的学生。"从音乐演奏的角度，也需要逐渐去体悟作品背后蕴含的意义，表演会变成与自己、与观众交流的方式。好的音乐家大多具有独特的艺术禀赋，好的艺术家应该具有广博的思想境界。杰出有造诣的大家，不论专业为何，大多是了不起的思想家。我们今天的教学，已经不仅仅像 30 年前那样培养些可以拿名次的天才，这些为国家带来的荣誉是暂时的；我们需要做的是为未来培养大家，让自己走向大家，让后来的'长江之浪'有可能成为大家。"

高雅音乐"普世化"是个伪命题

爱美之心人皆有之，我们每个人心里都有对美好事物的亲近感。所以，随着大家生活水平的提高，各种精神领域的消费逐渐活跃起来。昆明这一两年来艺术演出市场的兴旺也佐证了这一点。"我们需要做的只有两件事：第一，不谈'普世'，因为'普世'这个词本身就带有居高临下的味道，这是个被动灌输的过程；第二，让高雅音乐回归到音乐本身，因为音乐对每个人都是公平的，只要你去聆听和体悟。我们现在通过自己的演出启迪大家对于音乐的向往之心，这样才是音乐市场长期良性发展的基础。"

未来，我们需要培养更多的艺术家庭

2017 年，高参受邀担任保利文化集团全新的保利 WeDo 教育项目音乐总监，这一项目以保利在全国的 43 家剧院为依托，引入美国预科班模式，是保利文化集团在音乐艺术教育方面最高水准的体现。此项目涉及当下一个重要议题，关于"third generation"（第三代）的教育问题。"提到艺术，很多时候会让人有距离感，其实艺术是很包容的，只要你愿意尝试，我们都乐于提供帮助。"在接受这个邀请前，高参也曾与国内外从事艺术教育的朋友交流过这个话题。

"对于我们的父母一辈，只要做个基本的艺术普及和简单的引导即可；对于我们的同龄人，我们可以根据每个人的具体兴趣爱好做一些课程上面的设计。但是，这些都并不能对其产生深远的影响，我们最需要重视的是我们的下一代，即一个家庭的第三代。对于他们，我们希望他们能通过接触音乐找到更好的自己，帮助他们拥有更美好的生活。这需要整个家庭的参与，很多家长让自己的孩子接触音乐、接触艺术，并没有想过一定要把他培养成一个艺术家，这是社会进步的表现。一个孩子，我们要满足他的成就感并引导他朝着积极的方向前行，打造积极的人生，不论他学习的是什么。90 后、00 后的孩子，最好的'朋友'不是他们的邻居小孩或同学，而是手里的 iPad、iPhone；他们更没有兄弟姐妹。我们要意识到其实他们有孤独的时刻，缺乏人与人之间广泛交流产生的认同感。这是我们今天音乐艺术教学应该做的，提供给他们舞台，实现他们的舞台梦——

每一个人内心的舞台梦。"

未来十年，保持前行

对于一个演奏家来说，30 岁之前主要是汲取营养，30 岁之后才慢慢形成自己的特点和风格。30~40 岁这十年，是专业上最重要的积累阶段，用一场场的音乐会来检验和积累，让这些挑战和曾经认为不可能的事，逐渐成为你生活中的一部分。

高参曾于 2008—2012 年在美国辛辛那提大学音乐学院担任客席教授，他认为音乐是与各地的历史文化、建筑风格、风俗、语言结合在一起的，表演要想达到作品"原汁原味"的境界，去了解和学习不同的文化、历史渊源，以及风土人情是很有必要的。"这让我对音乐人文的理解以及舞台表演的状态，都有了更深的感悟。曾经我每年有半年以上的时间在国外，现在一年中我也会抽出一些时间待在欧洲、美国这些地方。未来，除了继续教学工作、全国乃至全球的巡回演出之外，保利 WeDo 音乐教育计划将是我的工作重心之一。这是一个具有初心的项目，为更多的孩子服务、为更多的家庭服务、为整个艺术教育的未来服务，这不是更有意义和价值吗？成就了他人，也就成就了自己；成就了大众，也就实现了自身的使命。

"我相信每个时代的人都有他自己的使命。"

写于 2016 年 1 月 27 日

● 程琳：用音乐传递爱，让艺术改变生活

"我们都有过这样一种体验：很多年前你听到的一首歌甚至一种声音会让你铭记至今。那是因为你接收到了声音中蕴含的爱与灵性，才会被深深打动，继而刻骨铭心。这就是音乐的魅力所在。对于我来说，好的音乐一定是有灵性的，是来自上天的声音。创作音乐的过程就是我与自己内心对话的过程，倾听本心，然后把感动自己的美好，传递给更多的人，这是一件非常有成就感的事情。"

2015 年 8 月 25 日，联合国 NGO 组织的年会开幕式上，当音乐家程琳出现在联合国安理会大厅的舞台上时，现场的华人嘉宾沸腾了！这个曾经用歌声感动了几代华人的女子，再次惊艳了联合国的舞台。这也是联合国 NGO 开幕式第一次邀请中国艺术家登台演出。

35 年前，一首红遍大江南北的《小螺号》让"程琳"这个名字风靡大江南北，当时年仅 13 岁的她也在不经意间创造了内地歌手的一个"纪录"：年龄最小的流行歌手。

7 年后，正处于事业巅峰的程琳选择了出国，开启了她"唱游天下"的音乐奇幻之旅。如今，一张精致的东方面孔、一口地道流利的英文，

再加上对音乐永不消减的好奇心，程琳用她自己的方式与世界进行着一场有趣的对话。

音乐是她与世界沟通的桥梁。童星出道、十几岁成名、中国内地第一位制作 MTV 的女歌手……程琳是"少年成名"的典型代表。当被问及为何在事业巅峰期出国游学时，程琳的回答很纯粹："我对于音乐始终保持着一种好奇心，想去看看外面的世界。"

那段时间，程琳先后辗转澳大利亚、法国，最后来到美国，在加州大学进修了英文和作曲，并且在洛杉矶成立了由不同民族组成的"程琳乐队"到美国各地演出，所到之处，轰动一时。这段游学经历也对她今后的音乐发展方向产生了深远的影响。"在国外，不同国家、不同种族的人们之间可能无法用语言交流，可当音乐响起时，所有的沟通障碍都没有了，我们可以用音乐交流，因为爱是人类共同的主题，而音乐就是对爱最好的诠释。无论是金碧辉煌的大舞台，还是街头的流浪艺人，我都乐于去倾听，感受他们音乐中的那种爱与灵性；同时，我也会把自己的体悟通过音乐传递出去。这时候，音乐就变成了我与世界沟通的桥梁。"

"东方文化是我艺术创作的源泉"

1995 年，程琳回国与香港著名音乐人黄霑共同制作了专辑《回家》。重新出现在人们视线里的程琳已经不再是那个吟唱着《熊猫咪咪》的歌星，《回家》呈现出的民族音乐元素，不但令人耳目一新，也超前预示了一个"世界音乐"时代的到来。

"音乐是来自灵魂的声音，在创作歌曲时，我会静下心来，感悟内心中积累的爱，把这种爱转化为音乐中的灵性。我不希望用居高临下的姿态来传播我的音乐，我更想像朋友之间的温暖下午茶一样，浅笑低语间分享彼此对于音乐的感悟，也许对同一首曲子，你我的理解完全不同，但是只要都能感悟到这份本真的美好，就可以了。"

2008 年，程琳携手美国金牌音乐制作人、三届格莱美奖得主 KC Porte 为北京奥运会创作了中英双语歌曲《比金更重》，其中，程琳创造性地加入了二胡元素，将中西方音乐风格完美地结合在一起。"我的音乐立足点就是东方文化，美国的很多音乐制作大腕和我合作，也正是看中了我音乐作品中的东方灵魂。"

程琳艺术空间：重新定义音乐的意义

"现在国内的音乐选秀节目非常多，也涌现出了一批很不错的年轻歌手。"曾在中美两国很多选秀节目中担任过导师的程琳，在发现有才华的年轻人时，会有一种"发自内心的欣喜"，她会毫无保留地把自己几十年的音乐经验传授给他们。

"我从小受到一些艺术家的启发，王昆老师、李谷一老师、付林老师都曾经毫无保留地帮助过我。对年轻人来说，启发、锻炼和引领是最重要的，所以我的下一站，就是做一个导师给他们搭建平台。"基于这个信念，程琳发起成立了"程琳艺术空间"，"成立的宗旨很简单，一方面希望可以帮助更多的年轻人成长，把我的经验分享给他们，同时也让他们与世界有更好的沟通平台；另一方面，我不会过多干涉他们自己对于音乐的理解，让每个人都保持对音乐最原始的感动，这样才会出现更多的惊喜。"

"我已经收了两个学生，他们都很有音乐天赋。"为了给年轻人更多的机会，程琳邀请她的学生刘瀚博一起参加了联合国NGO开幕式的演出。

在谈及声乐基础教育这个问题时，程琳说道："我觉得音乐教育更应该植根于儿童教育中，艺术教育应该是每个孩子都可以享受的权利。我们不妨重新定义音乐的意义，告诉家长学音乐的目的，如果功利性太强，反而会适得其反。"

爱的旅程，没有终点

近年来，除却音乐创作外，程琳把更多的精力投入公益活动。她曾应美国前副总统阿尔·戈尔邀请，参加由戈尔倡议，中国 21 世纪议程管理中心、美国气候项目组织、中美可持续发展中心共同主办承办的"2010 年应对气候变化"的研讨会。"早在十多年前，我就与黄霑先生合作创作了《只有一个地球》，呼吁我们每一个人都要保护我们的家园。"

2015 年 5 月，程琳在纽约举办了一场名为"爱的旅程"的演唱会，1500 人的座位，座无虚席，演唱会门票一部分收入捐助给了云南山区的孩子们。"艺术即生活，艺术的感动来源于生活的感动。如果通过我的微薄之力，可以为别人做一点事情，我就非常开心了。当你怀抱着有益他人的心愿歌唱时，你的音乐就会有感染力，这个传播的过程是水到渠成的。"

"我的新歌《比金更重》《世界公民》，都是我内心对于'大爱'的呼唤。为此，联合国邀请我参加 2016 年关于促进人类和平的会议，请我演唱《世界公民》，希望我担任亲善大使。

"我很幸运有很多作品被大家记住，未来我的音乐创作之旅也是一个爱与灵性的传递之旅，把这份美好与感动传递给更多的人。"

写于 2016 年 2 月 2 日

● 呼斯楞：创作是一场精神返乡之旅

"如今在内蒙古的大草原上还散落着很多动人的民歌，它们不仅需要被发掘、被保护，还应该被更多草原外的人听到。音乐传承本身就是一种迁徙的过程，在这个过程中，很多外在的特征会被同化甚至被磨灭，但深植于音乐中的'根'是坚不可摧的，也是最能打动人的。"

2015 年"双十一"之际，因一首《鸿雁》红遍大江南北的蒙古族歌手呼斯楞携手 One Journey One Song（一次旅行一首歌）推出了他的全新单曲《我们回》。"打动我的除了这次活动本身的公益性质外，栏目组还提出了一个非常好的口号：'最美的旅行是回家。'随摄制组一起回到家乡，回到内蒙古，回到自己生长的大草原，当闻到熟悉的青草香气时，创作的灵感也来了。"

此次旅行呼斯楞一路从北京到内蒙古赤峰，再到宁城县格日勒图蒙古族学校，最终到达克什克腾旗大草原；与一群北京的孩子一同出发，途中与蒙古族的孩子们进行了一场音乐盛会，最终将歌声唱响在广袤的克什克腾旗大草原，完成了一次"旅行＋创作"的艺术体验。

"很多原生态的音乐进入都市后，都会遇到这样一个问题：如何在保留原生态韵味的同时，适应都市主流人群的审美习惯。如果处理不好这个关系，那么音乐里原本很多有灵性的东西就丢掉了。"此次呼斯楞全新打造的单曲《我们回》就称得上传统与现代的有益探索。

"这首歌是由卞留念老师谱曲，特别邀请了蒙古族词人青格勒老师填词。歌曲讲述了一个'回家'的故事：草原上的老阿爸老寒腿犯了，在外工作的儿女们纷纷放下自己的工作，第一时间赶回草原，回到了老阿爸的身边。正如歌名一样，简单而温馨。

"现在很多在都市打拼的都是外乡人，回家、感恩之类的主题就特别容易引发此类社会群体的精神共鸣。很多人因为《鸿雁》知道了呼斯楞，我希望可以带给大家更多新的作品。"

《鸿雁》已在草原上传唱了几百年

"提到我的代表作《鸿雁》，很多朋友都以为这是首现代歌曲，其实这首歌已经在草原上流传几百年了。"作为《鸿雁》的首唱者，呼斯楞用他那清澈又饱含深情的嗓音感动了亿万国人。有媒体这样评价道："这是一首不受年龄、阶层、民族隔阂影响的好歌，每个人都能从中找到自己的代入感。"

"鸿雁在蒙语中就是天鹅的意思，原本是一首节奏非常欢快的祝酒歌。"之所以会演变成如今这个版本，其中还有一段小插曲：怀抱梦想来到北京的呼斯楞最初在酒吧驻唱，独在异乡的孤寂和对梦想的渴望，让这个乐观豁达的蒙古汉子变得有些"忧郁"。在酒吧演唱这首歌时，思乡的情绪让他低落起来，不知不觉间地将旋律放缓，这个"妙手偶得"的改动，让场下坐着的一个人眼前一亮，他就是中国著名作曲家张宏光。

尽管听不懂蒙语，但是张宏光老师依旧被其中蕴含的思乡之情深深打动，在他的引荐下，呼斯楞结识了知名词作人吕燕卫。"因为要转换成汉语版演唱，就需要在歌词上二次创作。我与他（吕燕卫）讲述我家乡的生活，《鸿雁》的背景、故事。结果出来的歌词非常好，以至于很多人都不相信这是新创作的词。"

汉语版《鸿雁》一经推出，旋即红遍大江南北。"人没红，歌红了。"在谈及当时的盛况时，呼斯楞的回答非常幽默。"几乎大街小巷都能听见，尤其是在朋友聚会时。"作为原唱，呼斯楞表现得却很淡定："可能我还是一个不太喜欢表现自己的人，尽管受邀演唱过很多次《鸿雁》，但每次当歌声响起时，我的眼前就自动切换到了一望无垠的大草原。"

"我的根永远在草原"

一曲《鸿雁》唱出了呼斯楞对于家乡的眷恋，也让他的生活轨迹完成了由草原向都市的人生迁徙。忙碌之余，他总是会回到草原上，因为那里的蓝天、白云、草原、牛羊早已经融入了他的血液。

"我姥姥就是一位非常喜欢歌唱的民间艺人，她给我留下了很多的歌本。她都是亲笔把歌词写下来，她不懂什么谱子，旋律都是记在脑子里，当她去世时，很多民歌也就跟着消失了。这在草原上是很普遍的现象，所以草原上的音乐需要传承，需要传播，需要抢救。每每想到这些，我都会有一种紧迫感。

"在抢救民歌的过程中，会遇到很多问题，在这个过程中，民歌似乎'变味'了。这本身也是一个很痛苦的过程。民族音乐尤其是原生态音乐进入市场，需要投入大量的人力、物力，需要一个持久的过程，需要时间的考验。

"如果在都市停留太久，整个人的创作状态就不对了，因此我需要回归到故土，去那里汲取最本真的营养。音乐对于我们蒙古族来说，是生活的一部分。就拿呼麦来说，最初是蒙古高原的先民在狩猎和游牧中虔诚模仿大自然的声音，他们认为，这是与自然、宇宙有效沟通、和谐相处的重要途径，一人模仿瀑布、高山、森林、动物的声音时可以发出'和声'，这就是呼麦的雏形。

"如今每次回家团聚，聚会上听到亲人们吟唱的蒙古长调，那种原汁原味的声音和感动，是没有任何条条框框限制的。我们歌唱的就是自己每天的生活场景，赞美生活的美好。这种感觉必须在生你养你的那片土地上才能寻找到。"

有人说，你可以在呼斯楞的歌声里听到你的乡愁、你的成长；同时，你也能听到一个寄情草原的男人的喃喃自语。一个人，一杯酒，独对苍天，想一想曾经的过往，用力地遥望未来，你会好奇是不是真的有彩虹挂在天堂，悠远蜿蜒，直抵内心。于是家乡才会成为每个人心底最柔软、最美好的缱绻。

为此，我们应该对呼斯楞说一声："谢谢。"

写于 2016 年 3 月 1 日

● 尹小珲：艺术的积累需要"工匠精神"

作为当今乐坛最受瞩目的华人小号演奏家之一，尹小珲的性格如同他钟爱的小号一样，阳光开朗、直爽大气。作为一名 80 后，他也赶上了第一波中国家庭学习西洋乐器的"热潮"，和很多孩子"非自愿"学习不同，生长在一个音乐大家庭里的尹小珲，自幼就受到了身边亲人的熏陶。

"我的姑姑就是一名钢琴家，我的叔叔从事京剧表演工作，我的父母也是音乐的爱好者。"正是这种"兼容并蓄"的家庭艺术氛围，让尹小珲对于音乐有一种天生的亲近感。

当时，一部红极一时的歌舞电影《出水芙蓉》让尹小珲对小号这个"相对冷门"的铜管乐器产生了浓厚的兴趣："片中哈瑞·詹姆斯爵士乐队的小号表演简直太帅了！"小号明亮、温暖又不失华丽的音色深深吸引了尹小珲，在八叔的引荐下，他开始跟随云南省歌剧舞剧院小号首席王旭老师学习小号演奏。

"王老师是一位非常开明的良师。"在谈及这位启蒙老师时，尹小珲充满了敬意与感恩，"他为我打下了非常坚实的演奏基础，更为难得的是，当我学习到一定阶段时，王老师主动建议我去北京寻找更好的学习机会，可以有更大的发展。这种无私的胸怀不是每位老师都能具备的。"

1998 年，还在念初二的尹小珲拜入著名亚裔小号艺术家戴中晖教授门下。"当时每年暑假只要有机会，就会坐火车来北京跟戴教授学习，因此有幸接触到当时世界上最先进的小号演奏法、教学法，虽然只上了 16 堂课，但对于我的演奏理念和对小号本身的理解，帮助是非常大的。"

"考虑到路途和时间的因素，戴教授还送给我两盘教学 DVD，更多时候我是在昆明跟着 DVD 练习。"2002 年，尹小珲顺利考入中央音乐学院，在戴教授的悉心指导下，他连续六个学期专业考核铜管组第一名，是 ITG 国际小号大赛、CCOM 全国小号独奏比赛及室内乐重奏比赛的获奖者，也是学校历史上第一位获得"雅马哈音乐奖学金"的小号学生。2006 年他以全优成绩毕业，同年考入中国国家交响乐团，开始了其职业生涯。

交响乐演奏要有"指挥家"意识

在一个交响乐团中，小号的作用举足轻重，因它在重奏与独奏中所特有的音质而备受喜爱，被誉为铜管组中的"女高音"。"在学校中的学习可以理解为一个'雕琢'的过程，进入国家交响乐团后，会有大量新曲目的积累，你需要从一个交响乐团的整体角度去认知和感受音乐，对于我个人也是一个升华的过程。

"大乐团对于个人演奏的要求与小乐团是完全不一样的，只有拥有宽宏的音色才能既在群奏时与弦乐、木管融为一体，又在 Solo 时特色十足而不失和谐。同时，作为整个交响乐团的一分子，还需要具备'指挥家'的整体意识，当多声部同时进行时，你需要知道自己在乐队中的位置，知道同伴在做什么。

"都说乐团是指挥家手中的乐器，当你学会换位思考时，就会更加深入地揣摩作曲者的意图，如同绘画一样，哪里是浓墨重彩，哪里是轻描淡写，把一部交响乐作品从一个宏观的角度进行分层次解构，对于单独演奏本声部时的理解就会更到位。"

基于这个信念，尹小珲抓住一切机会向小泽征尔、洛林·马泽尔等合作过的指挥大家汲取指挥艺术的营养。他自身的指挥才华也得到了充分的体现：他曾执棒国际首席爱乐乐团录制了2013年华语大片《爱未央》的全部音乐。"在国家交响乐团工作期间，我也有幸接触了很多优秀的同事、老师，从他们身上也学到了很多东西，我说过音乐就是一个积累的过程，就看你是不是一个有心人。"

云南艺术演出市场需要政策性扶持

作为云南走出去的音乐家，尹小珲多次回到云南演出，对于云南尤其是昆明的艺术演出市场，他的评价是"整体向好，但离省会城市的要求还有差距"。"既然谈到市场就离不开票房，组织艺术演出尤其是诸如一个大的交响乐团的高雅音乐演出，成本是非常高的。一个乐团100多个人，单单是从北京到昆明的交通成本就很惊人，目前单靠票房收入来平衡收支是不现实的。"

"艺术市场观众群体的培养需要一个过程，这跟很多因素有关，首先是老百姓有没有这个意识，有没有这个需要。就云南而言，平时接触主流舞台艺术的机会相对一线城市而言就比较少，尤其是提到西洋音乐、交响乐这样的大部头，老百姓第一反应就是听不懂，也没兴趣。所以，当下首先要做的是让大家走进剧场，不一定非要欣赏高雅音乐，可以从简单的舞台剧开始，先从培养习惯开始，当观众群体成熟了，他们自然有分辨好坏的能力。

"在云南艺术演出的组织者是非常辛苦的，也是可敬的，但仅靠他们自己是不现实的，这个过程政府要参与进来，财政要补贴。此外，还要高度重视中小学的艺术基础教育。对于一座城市来说，如果中小学基础艺术教育是被动的，那对整座城市的艺术市场是不利的，因为艺术市场也是刚性需求，给大家一个走进剧场的理由，这个理由就要从中小学艺术教育中来。

"这中间同样需要政策性的引导，目前云南没有明确的中小学艺术特长生的政策，现在全国有53所高校有自己的'高校艺术团'，艺术特长生在高考的通道上早就打开了。但是咱们云南的小升初、初升高的通道都还没打开。

"有时候，我们不能一味责怪家长现实，大家的时间都很紧张，我的孩子拿出那么多的时间进行艺术的练习，还不如去学学数学、语文、英语，积极性不够，家长也不会有带着孩子多听几场音乐会的意愿。反过来讲，由于在中小学阶段的艺术训练积累不够，我们云南的孩子在面临高考时，同全国一线城市的艺术特长生竞争就很吃亏。"

专业积累需要"工匠精神"

"很多时候，我们都会听到这种说法：不要有'匠气'。似乎苦练技术是不对的，因为还缺乏对于艺术的体悟、对于情感的表达，等等。这个说法有错吗？那得分阶段。和其他自然学科一样，艺术特别是音乐，在初中阶段就是一门学科，音程关系、和声排列就跟做习题一样，是可以量化的，它就是一门常识，让你换个角度来感知我们这个世界。

"对于大多数人来说，通过 99% 的苦练，是可以把这个乐器掌握到一定水平的，至于那 1% 的灵光乍现，那是不可强求的；换言之，如果没有这 99% 的积累，再有灵感也没有用。从这个角度来说，'匠气'反而代表了一种值得尊重的'工匠精神'，它代表了一种坚持精益求精、扎实稳健的态度与作风。如果长期以来对'匠气'这个词有片面甚至丑化的解读，这会影响到中小学的艺术基础教育，也会让家长与孩子的认知发生偏差。"

美食与音乐是相通的

工作之外的尹小珲是朋友圈公认的"美食家"："我不仅爱吃，也爱自己琢磨美食。美食是一个追求美好体验的过程，这和音乐是一样的。做菜的过程也是一个创作的过程，需要敏锐的观察力，也需要平日的积累，当你尝到一道新菜时，你就会分辨出里面大体有几种调料，音乐同样如此，你在欣赏演出时不仅是观察演奏者的技艺，也会体会演奏者心里投射出的东西。"

写于 2016 年 4 月 10 日

● 宋思衡：我为 50 年以后的世界创造

"我们很多时候依然沉浸在过时的美感中不能自拔。比如，你觉得柴可夫斯基的音乐很优美，肖邦的音乐很忧伤。他们的伟大之处我们并不一定知晓，但觉得很好听，这其实是 19 世纪的审美习惯。我们没有认识到，一个人的审美和体格一样，是需要锻炼和提升的，而不是随意的。

"如今音乐电子化的时代在全世界早已来临，这样的声音是基于电子合成的虚拟声音，与我们过去习惯的声音差异很大。可以预见，音乐电子化在未来将会是 21 世纪音乐的主要特征，我们创作这样的作品，就是为了创造一种前所未有的美感，引领观众走向未来世界。"

2016 年 3 月，宋思衡携手电子音乐家 B6 在上海音乐厅成功举办了《日与夜》音乐会。一场实验性的作品演出票瞬间售空，令他自己都十分意外。在后台，笔者问起了他这场音乐会的初衷，他不慌不忙、慢条斯理地侃侃而谈，然后自信十足地走上了聚光灯亮起的音乐厅舞台。

这部用电子音乐新古典主义（Neo Classic）概念武装起来的作品

《日与夜》分为上半场和下半场。上半场宋思衡完整演奏了肖邦的24首前奏曲，唯一不同的是舞台后方有一个巨大的投影屏幕，投射出所有钢琴音进入电脑音轨分析后呈现出的峰值图。

下半场则是他与B6一起根据肖邦的这部经典之作进行的电子化再创作，呈现出了无比科幻而难以定义的一种音乐感受。演出结束后他兴奋地对笔者说道："21世纪就应该有21世纪的样子，我们的出发点很简单：这就是为50年以后创作的音乐视觉作品！"

在被问及作为一名古典钢琴家，为何尝试多媒体这种有点"离经叛道"的演奏方式时，宋思衡回答得不假思索："人类总要更新换代，在这一点上，音乐家的任务其实跟科学家是一样的，就是不断往前看，未来的东西就是我们现在做出来的。这与科技、物理学、医学等在本质上是一致的，只是表达的方式不同。这是一个不断突破禁区的过程。不是我离经叛道，只是大家需要时间。"说完他淡淡地一笑。

艺术的天敌是保守

早在2004年法国举行的第61届玛格丽特·隆—雅克·蒂博国际钢琴大赛中，宋思衡就历史性地成为60多年来第一位摘取桂冠并获得多项特别奖的中国人。作为7项国际钢琴大赛的冠军得主，宋思衡曾经被法国《费加报》誉为新一代欧洲古典音乐的领军人物。

多年旅居法国的经历，让宋思衡习惯从东西方不同的文化角度来审视艺术领域的认知问题。"近代西方文化在某种意义上来说就是基督教文化。基督徒们被告知死后会有一个天堂的存在，这就赋予了生命一个目标，围绕这个目标建立了一整套基督教的生活方式。而在中国，自汉朝汉武帝独尊儒术以来，儒家思想统治中国2000多年。在儒家的价值体系中，只有按照世俗的标准生活，你的个体价值才可能被承认。中国人在很长一段时间内，害怕成为异类，害怕游离到边缘，这是典型地受到儒家思维影响。在正统的古典音乐圈，我做多媒体似乎就是不务正业。

"但是，时代正在改变一切。相信你也注意到现在越来越多的人开始尝试特立独行，互联网就是跨界，双重职业就是打破行业垄断。从本质上讲这就是整个民族慢慢开始思想启蒙的过程，重视发挥个人价值和特征，以人为本，逐渐融入世界的大范围中。未来的艺术中追求所谓艺术的保守形式感是没有意义的。

"如果有一天古典音乐彻底消失了，我会怀念，但不会为之悲痛。

"在目前的前期宣传中音乐与文学跨界的概念被再次提及。其实音乐和文学是有很多共同之处的，我们都知道在文学作品中会有不同的写作结构和叙事方式、语气，这些和音乐是非常相似的，只是音乐更艺术化，它没有语言的束缚。

"历史上这也不是什么新鲜概念，在东西方的文化体系中，文学和艺术在很长一段时间里是不分家的，古希腊时期的荷马史诗就是用歌唱的形式来流传；另外中国的唐诗宋词也是用来吟唱的，只是中国人更注重词，对于曲子本身不是那么重视罢了。我们的作品跨界更多的是一种视听合一的立体读后感，是通过音乐来表达的。

"谈到音乐的精神和本质，要看理解的角度；如果说音乐是人类不可缺少的精神，那我同意这是万古不变的，但是如果从某个阶段来说，比如浪漫主义、印象主义之类，或者再大一些说到古典音乐类型，那就是存在变化的，并不是永垂不朽的。

"就好像我们生活的地球，是分为地壳、地幔和地核的。钢琴的演奏风格，就好比地壳上生长的草，可能十年就会一换；具体到诸如电子音乐、摇滚乐等目前并存的艺术形式，就好像是地壳，二三十年才会一换；古典音乐就好比是地幔，更换的周期会更长。具体到人类文明的发展历程，我想应属于地球的地核部分。

"我们往往会认为地球表面的这条路、这片林、这座山、这片水就是永恒，以长远的眼光看其实并非如此。路会废弃，山会崩塌，水会干涸，这并不是地球最核心的东西。如此来看，音乐的表现形式会被代替也属必然。"

音乐无"禁区"

2012 年 6 月，宋思衡多媒体音乐工作室在上海正式成立。"熟悉我的朋友都知道，从最早的《交响情人梦》《肖邦·爱》，到后来的《80后的时光机》《咪咪噜外滩奇遇记》，再到现在的《寻找村上春树》《日与夜》，我们在多媒体音乐的创作之路上也在尝试不同的风格，这是一个灵感迸发的过程。"

一方面，宋思衡这种异想天开的创作状态得益于他幼年时的阅读储备。"在那个时代、那个年纪，自己读的书算比较多的。读的书越多，看待世界的角度就更理性，艺术创作上也更多了一份从容和自信。"

另一方面，我国著名钢琴教育家盛一奇教授也是宋思衡重要的老师之一，对他产生了潜移默化的影响。"很多老师是非常介意别的老师来指点自己的学生的，这也是人之常情。但是盛老师不会。相反，她还经常带着我去向别的老师求教，在这个过程中，她会非常认真地倾听别人的建议甚至批评。现在想来，她的这个举动潜意识里也对我产生了影响。盛老师让我明白，很多看似不可触碰的禁区实际上只是故步自封，是一个幻象，客观上并没有什么益处和尊严可言。"

狠狠踢上一脚，让审美告别过去的世纪

"当初在做《交响情人梦》时，我们还抱着一种普及古典音乐的目的；如今，这个已经不再被考虑了。古典音乐需要普及吗？其实不需要。喜欢的人自然喜欢，不喜欢的人永远也不会喜欢，这不是绑架。艺术家的主要目标是追寻未来的世界、未来的音乐，如此而已。

"现在的首要目标是彻底颠覆音乐会的表现形式，改变传统音乐会听众的欣赏习惯，并把这种颠覆成熟固定下来。基于此，我们也在探索多媒体的可能性，未来会实现与科技的结合，比如，钢琴的自动演奏、远程同步互动，颠覆现有的演奏会模式，可能都不需要有现场观众，一切都通过网络直播甚至是钢琴自身远程直播来实现。

"过去的观众总是会以这个像不像、那个有没有关系来判断艺术作品。多媒体音乐会现在的任务就是要彻底打破听众的思维习惯，让他们接受新事物、新审美、新逻辑，把审美的推进狠狠地踢上一脚，踹远个几十年，彻底告别 20 世纪甚至前一个世纪！"

写于 2016 年 4 月 18 日

● 陈思思：新民歌需要实践

在审美多元化的当下，年轻人更钟爱欧美流行音乐，面对这种冲击和挑战，拥有悠久历史和深厚底蕴的民歌该何去何从？这是摆在每一位民歌歌手面前的现实问题。

"在我看来，民歌绝不能做艺术博物馆里的藏品，而是要更加积极、主动地走近年轻观众，在保留民歌传统精华的基础上，尝试与当下流行的音乐元素做有益的结合，用民歌的音乐内涵感染更多的年轻人。这也是时代赋予我们新一代民歌歌手的责任和担当。"

2014 年冬天，军旅歌唱家、第二炮兵文工团副团长陈思思率文工团演员赴云南基层慰问。除了为部队基层慰问演出外，陈思思一行还到云南大学呈贡校区以及云南当地的特殊教育学校进行了慰问演出，在云南大学的慰问演出结束后，云大正式聘任陈思思为客座教授。

身为当今中国新民歌领域的领军人物，陈思思一直致力于新民歌的创作与传播。"所谓新民歌呢，简单来说，就是在传统民歌的基础上融入更多流行的、时尚的音乐元素。同时，在词曲创作、演唱风格、舞台的呈现形式乃至传媒推广等诸多方面，都更加具有时代性。"

"音乐艺术是百花齐放的、多元化的；一些网络歌曲之所以流行，是因为它们平易近人，富有感染力。无论是民歌创作者还是演唱者，都要吸取和学习其中有益的部分，让歌词、曲子更加接地气，只有这样，民歌的精品才会越来越多，民歌的受众基础才会越来越夯实。"

新民歌需要实践

2015 年年底开播的国产古装大剧《芈月传》掀起了一轮收视狂潮，其片头曲《满月》凭借悠扬动听、温柔蔓延的醇厚中国风味道，俘获了无数观众的耳朵。"我心将往，玉宇芬芳，爱恨入土方得安详。我心将往，烛火之光，满月，格外荒凉……"陈思思歌唱演绎之层次感，与《芈月传》剧情之紧密贴合，无不令人赞叹。有网友听完后兴奋地表示："听着这首歌，脑海里总会出现各种情节，真是迫不及待地想看到芈月跌宕起伏人生的完整过程！"

陈思思与郑晓龙导演的此次合作看似偶然，实则必然。导演欲通过剧情传达出芈月的正向、积极、励志，与陈思思一直以来的歌曲风格都极为贴合。就在《芈月传》后期配音阶段，陈思思与郑晓龙导演相识，并聊得非常投缘，关于音乐、剧作、历史的话题，两人都有惊人的相似观点，让正犯愁找不到合适人选来演唱《满月》的郑导如获至宝。

"芈月这个人物在历史上是有原型的，这部剧不仅表现了爱恨情仇，还表达了家国情怀。所以，在演唱片头曲时，需要更深层次的表达，这是需要积累的。"《满月》的成功，对于曾提出"实践新民歌"概念的陈思思来说，是一次漂亮的尝试，也为她未来演唱新民歌提供了新的灵感，"这也会激励我向新的音乐风格发起探索"。

每个歌手都要找到专属自己的音乐气质

"歌坛上已经有 99 朵娇艳的玫瑰了，你要做那一朵独一无二的牡丹花。"这是国内资深音乐人吴颂今对陈思思的殷切希望。谈及此，陈思思充满了感恩之情："吴老师让我第一次对新民歌有了认识，并做出了实践。"陈思思的出道歌曲《情哥哥去南方》就是一首典型的新民歌作品，并在当年取得了不俗的成绩。

曾有歌迷这样评价陈思思的演唱风格："她将江南女子的温婉和中国古典美女特质充分表现出来，尤其是在经典民歌的演绎上，更是十分到位。"对此，陈思思谦虚地表示这是歌迷的"过誉之词"："说到演唱风格，我个人认为民歌歌手不应该故步自封，对于不同音乐元素的嫁接、混搭、跨界，都应该持一种开放和融合的态度，只有这样，才会逐渐被观众尤其是年轻观众所接受、喜爱。"

在被问及"你是否认为跨界是未来民歌的出路和方向"时，陈思思回答道："每个歌手都要找到符合自己的音乐气质，这和跨不跨界没关系，这要看你个人对于音乐的理解。"

陈思思一直说自己是个很幸运的人，因为"遇到了很多优秀的老师"。"我在解放军艺术学院的硕士生导师李双江老师，对于我的帮助和提升非常大，尤其是在舞台表演和对于音乐的理解方面，双江老师可谓是不遗余力地教导我，也让我更加明晰了自己的声乐特色。"

新一代民歌歌手要有传达民族精神和时代声音的担当

作为国内第一位在台湾、香港、澳门举办个人演唱会的民歌歌手、军旅歌手，陈思思的"我的美丽之路"系列演唱会，在海峡两岸之间搭起了一座艺术与真情的桥梁。谈及当初的宝岛之行，陈思思用了"忐忑不安"来形容当时的心境："由于在我之前，还没有民歌歌手在台湾举办过个人演唱会，所以当时自己心里并没有底，台湾观众是否接受民歌这种歌唱形式？是否喜欢我的演唱风格？"

最终，台湾观众用自己的热情和掌声打消了陈思思的担心，演唱会的火爆程度也出乎很多人的预料。"演唱会现场一位河南籍89岁的老太太大声对我说：'妹子，你唱得太好了！你唱的《天涯歌女》《四季歌》都是我十几岁时听到的歌曲，感觉太亲切了！听到你的歌声，我特别想回家乡去看看！'"在演唱会即将结束时，陈思思用闽南语演唱《爱拼才会赢》，更是带动了全场数千观众的集体大合唱。

"当时真的是有一种两岸一家亲的感觉，一种血浓于水的感动。"之后，陈思思的系列演唱会亮点不断：在台湾演唱会上与成龙合作《恍然如梦》、与林志炫合作《两岸同歌》；在澳门演唱会上与周杰伦合作《珊瑚海》；在香港演唱会上与潘玮柏合作《月亮代表我的心》……

"港澳台同胞对于民歌是一种'物以稀为贵'的审美喜好，民歌里蕴含的高雅民族韵味，让他们感觉耳目一新。同时与众多港澳台歌手的合作交流，也让我对民歌的演唱做了更加大胆的突破。当民族音乐的高雅与流行音乐的时尚结合时，产生了一种非常奇妙的化学反应，观众的反响是非常热烈的。

"这也更加坚定了我在新民歌方向上的探索之心，作为新一代的民歌歌手，除了我们自身对于民歌的热爱之外，还要肩负起传达民族精神、时代声音的使命。这个过程不能是说教的，而是要走近观众，尤其是年轻观众，倾听他们的喜好，将其与自身的音乐作品结合，才能真正打动他们，达到润物无声的效果。"

民歌不是藏品

"我的工作室每年会做两件事情：第一件事情是去全国各地特别是云南、贵州、广西、湖南等少数民族聚居的地区采风，做原生态的原音采样，一方面是从传统的民间艺术中汲取养分，一方面也是为传统文化的传承做一点努力。

"第二件事情就是到十所高校进行新民歌的艺术实践，同艺术学院的老师、同学交流，为自己多年来的艺术实践找到理论支撑，同时也在年轻学子中传播新民歌。

"此外，工作室也会定期举行艺术沙龙，邀请志同道合的朋友们来聚聚，其中有词曲作者，还有媒体界、策划界的朋友，大家的目的只有一个——打造一个民歌的传播平台。我们有一个共识：民歌不应该，也不能作为艺术博物馆里的藏品，而是要鲜活地影响更多的人。

"我平时的日常工作还是比较繁重的，除了做好本职工作外，最近正在做一些基层公共文化设施的调研，我研究的是广场文化建设方面的课题。此外，我正在筹备自己作为制作人的新专辑，大家熟悉的《满月》《雪恋》都将收录其中。在选择作品方面，我希望可以做一些突破，多演唱一些古风题材的作品。未来还会在少儿艺术基础培训方面做一些力所能及的事情。"

写于 2016 年 5 月 12 日

● 陈曦：演奏家是作曲家的代言人

一名演奏家的"个性"绝不等同于标新立异，而是在对作曲家作品充分理解的基础上所做的二次创作。一名合格的演奏家应该做每个作曲家的代言人，首先要诠释的是作品本身的"个性"，不能将自己的"个性"凌驾于作品的"个性"之上。

同时，随着演奏家经验、阅历的不断积累，对同一首作品的研究与表达也应该是与时俱进的，从这个角度说，所谓"演奏风格"不应该是一个过去完成时，而是一个现在进行时。

有句话是这样说的：艺术界从来不缺乏天才。但是，即使在"天才"林立的当今乐坛，陈曦也称得上一名"自带光环"的人物：3 岁开始正式随父学琴，7 岁登台演出，11 岁考入中央音乐学院附小，12 岁举办独奏音乐会，13 岁升入附中开始同国内外顶尖交响乐团合作演出，17岁成为有着"音乐界诺贝尔奖"之称的柴可夫斯基国际音乐比赛小提琴首奖最年轻的得主。

生活中的陈曦与普通的 80 后没有什么区别：热爱运动、阳光风趣，谦和得让人没有距离感。与他交谈，你能从他清朗的声音里感受到一种灵气，一种专属于音乐的灵动。谈及自己的音乐之路，陈曦的回答很幽默："子承父业，胎定终身。"

"我父亲从事的是与艺术相关的工作，但当时赶上'文革'，他学艺术的过程就比较艰难，所以在有了我之后，他特别希望子承父业，去完成他未完成的事业。"就这样，还在母亲肚子里的陈曦，是听着贝多芬和莫扎特的音乐成长的，就连出生后被抱出产房时，父亲第一眼看的竟不是他的小脸，而是小心翼翼地掰开他的小手，欣喜地发现"我的手指长度符合拉琴的标准"。

"我是一个幸运的人"

尽管早早就被父亲"指定"学习小提琴，但是陈曦自己并没有什么逆反心理："其实最开始的时候，我最先接触的是钢琴，后来发现自己对小提琴更感兴趣，当然作为小孩子，虽时常会有感觉枯燥、疲惫的时候，但从未想过放弃练琴。首先应该归功于当时良好的学琴氛围，身边也有一群同样热爱音乐的小伙伴，他们如今也是中国古典音乐界的中坚力量了。现在回头看，我很感激父亲当初的选择。

"后来，我父亲把我托付给沈阳音乐学院的王冠教授。我非常感激王冠教授，他在早期为我打下了非常扎实的基础。他从来不鼓励我参加考级和演奏那些炫技的曲子，而是要我多拉音阶、练习曲，当时要求我一天至少要拉三小时的音阶，这种训练方式对我演奏水平的提升是有很大帮助的。

"小学五年级时，我考入中央音乐学院附小，跟随赵薇教授学习，作为全国少儿音乐教育方面的知名专家，赵教授又是一种全然不同的教学风格。在赵教授这里，她不会以单纯的对错来衡量你的成绩，而是鼓励你自己不断地去尝试。她特别擅长启发学生的想象力，我在音乐上的很多灵感都得益于这段时期。

"后来，我又跟随隋克强教授学习了一段时间。如果说王冠教授很好地训练了我的左手，那么隋教授给予我右手的弹奏技巧以质的提升。此外，他还从提琴中提炼了很多发声方法，这对于我日后演奏技巧的提升是非常有帮助的。我的恩师林耀基教授给予我的是各方面的综合提升，对此我也心怀感恩。所以说，我是一个非常幸运的人，可以得到这么多优秀老师的教导与提点。"

个性不等同于标新立异

谈起自己的"年少成名"，陈曦表现得非常淡然："获奖时并没有狂喜的感觉，当时比赛完宣布名次时，由于翻译问题，我甚至都不知道自己得了第几名。"在被问及"获得首奖后心态有没有发生变化"时，这个大男孩哈哈大笑："并没有，自己当时还是中央音乐附中的一名高二学生，拿完奖回来该找同学玩还找同学玩，我在里面也不是孩子王，算个跟班吧。"

比赛结束后，俄罗斯《文化报》给予陈曦高度评价："这位年轻的中国音乐家不仅以自己的决心和毅力，更以难以置信的舞台魅力征服了观众……他的艺术风格完美无瑕、无懈可击。"英国弦乐杂志《斯特拉底》（The Strad）也称陈曦是"一个有着强烈个性、非常光彩辉煌的演奏家"。

"个性这个词很多时候被曲解了，很多人觉得标新立异就是有个性。对此，我并不认同。我认为个性是一个人在舞台上对于作品表现出来的独特理解，也就是说你首先得好好研究作品本身。就拿贝多芬协奏曲来说，演奏过的人很多，每个人有自己的风格特点，但这是一首非常古典的曲子，你再如何演绎，都不可能把它变得非常现代，无非是在乐句的分配和音色的把控上，加入自己的理解。

"一部好的作品，一定有自己的故事。一名演奏家要通过自己的演奏引导观众沿着这个故事的进程往前走。故事是有起伏的，乐句也是有起伏的，故事有时候会不明不白地结束，音乐其实也如此。我的老师林耀基教授曾说'演奏家要成为每一个作曲家的代言人'，讲的就是这个道理，就看你能否有能力用手中的乐器把故事讲得动听。"

第一位获赠"红宝石"的中国人

作为一名蜚声国际的小提琴演奏家，陈曦曾与中国爱乐乐团、中国交响乐团等数十个国内乐团及莫斯科国家交响乐团、俄罗斯国立交响乐团等国际一流乐团都有过良好的合作。

他还多次在美国、加拿大、韩国、日本及中国举办个人独奏音乐会，并定期参加在各地举办的音乐节和室内演出。很多观看过他演奏的人都赞叹其"深邃隽美，光彩照人，具有大将之风"。

2005 年，香港凤凰卫视在故宫举办"太和邀月颂和平"故宫中秋晚会，陈曦奏响了具有 300 年历史、价值 600 万美元的斯特拉迪瓦里古董名琴"红宝石"。至此，他成为第一位获赠"红宝石"的中国人，也是迄今唯一获得授权使用这把名琴的中国小提琴家。美国名琴协会主席杰弗里·富士先生称赞他是"年轻的音乐大师、才华横溢的古典音乐艺术家"。

中国琴童需要构建"西方审美"标准

陈曦目前任教于中央音乐学院，作为一名老师，他对于当前中国古典音乐基础教育的现状是这样看的："我们经常看到有报道批评中国古典音乐教育太注重技术，而忽略对于作品的表达与解构。根本原因就在于：由于东西方的文化背景不同，在古典音乐方面，西方的文化底蕴的确要深厚很多。就拿和声来说，很多西方人从小就在教堂唱着巴赫的赞美诗，他们对于音乐的解构是立体的、多声部的，而我们就是一个单旋律。很多时候，我们的学生是进入大学时才开始系统学习这些东西，跟那些西方人打娘胎里出来就融入血液里的感悟相比，肯定是有差距的。

"什么是好听的音乐？很多时候，我们会用东方的标准来衡量西方的古典音乐，这中间存在一定的偏差。所以对于在中国学习音乐，尤其是古典音乐的琴童们来说，要建立一个西方古典音乐标准的审美意识，再谈练习技术的问题。"

家长要明确"快乐究竟从哪里来"

"我经常说，作为家长，要明确一个问题：你是希望孩子从音乐中寻找快乐，还是从成就中体验快乐？这个认识很重要。目前来看，整个中国的音乐基础教育意识是向好的，很多家长并不指望自己的孩子成为下一个郎朗，而是将音乐作为提升孩子综合素质、陶冶情操的一种辅助手段。这是家长对于孩子艺术教育意识成熟的表现。

"在我看来，演奏和教学是相辅相成的，在这方面，我是一个'经验主义者'。舞台上的表演需要经验，日常的练习也需要经验，作为一名老师，经验的积累可以帮助你更好地指导学生，也有助于建立一种标准。一次我陪一个朋友去商场的琴行试课，那儿的钢琴老师说你随便弹就行，弹对弹错都无所谓。但我看来这背离了艺术教育的初衷，虽然孩子听完可能很快乐，但这种快乐建立在欺骗之上，甚至可能老师的弹奏方法都是错误的，这是需要注意的。

"对于孩子的艺术熏陶，最好也是最直接的方式是多听现场音乐会，这种效果是唱片和网络音乐等无法替代的。"

写于 2016 年 5 月 4 日

● 李云迪：我最重要的一直都是音乐

7 岁时，他曾写下自己的梦想：成为一名钢琴大师；18 岁时，他成了肖邦国际钢琴比赛有史以来最年轻的冠军，自此迈入国际一流钢琴家的行列。他是中国四大钢琴王子之一的李云迪；他也因跨界进入娱乐圈，引发不少争议。从某种意义上来说，这位步入而立之年的 80 后，已经成为中国的一张充满"艺术荷尔蒙"的国际名片。

几天前，随着瑞士弗里堡大学音乐厅演奏会的谢幕，李云迪为期三个月的欧美巡演暂告一段落。在过去的三个月里，这位有着"21 世纪肖邦"美誉的钢琴家携"肖邦传奇"走遍了全球 11 个国家的 19 座城市，20 场演奏会场场爆满，有些场次甚至要在舞台区加座。李云迪凭借自身对于肖邦乐曲的精深领悟、优雅而又精湛的演奏技法，在全球掀起了一场"古典音乐"的热潮。

《华盛顿邮报》的资深评论家 Gelfand 曾评价说"李云迪弹的肖邦是近 100 年来最好的之一"。对此，李云迪有着自己的见解："我挚爱肖邦，我喜欢他对钢琴音乐作品的投入，他跟贝多芬、李斯特等人都不一样。其他人还会创作一些交响乐作品，而肖邦是唯一一位专注于钢琴艺术的作曲家，他的所有作品都与钢琴有关。他的内心非常强大、坚强，表现形式却优雅委婉，这很符合中国传统的美学理念。中国美学理念不是直来直去的，它是委婉的，委婉地去释放，就像太极，它是柔中带刚，以柔克刚。

"我一直都对中国的历史文化很感兴趣，随着年龄、阅历的增长，尤其是经常在全球巡回演出，我作为一名中国人的文化归属感越来越强烈，带着这种思绪去感受波兰文化和肖邦精神时，就很容易引发一种情感上的共鸣，从某种意义上说，我演奏的是中国版的肖邦。"

对古典音乐有一种使命感

生活中的李云迪是一个有些内敛害羞的大男生，但是只要一谈到古典音乐，就会蓦然正色起来，带着一种使命感般的认真。

"相比欧洲，古典音乐在中国还谈不上普及，但是现在我们有很好的基础，随着物质条件的不断丰富，大家开始追求文化、精神层面的东西。我的建议是可以多听听古典专辑，多去音乐会现场感受下气氛。

"我觉得每个人听懂古典音乐的程度，从专业上来讲，肯定是有差异的，但音乐确实是一种发自内心的艺术，是人类情感的一种体现，需要每个人用心地感受。不具备专业知识的人未必能听懂专业性特别强的曲子，但他至少能感受到艺术家在台上给了他一种什么感觉。"

早在 2013 年，李云迪就携手保利院线启动了"中国钢琴梦"的全国巡演，在巡演城市的名单中，有一大批是二三线城市，其中一些小城市甚至连音乐厅都是刚刚兴建的。

"我希望把纯正的古典音乐，我对音乐的感受、对作品的演绎，传递给第一次接触古典音乐，或第一次走进音乐厅的人。很多人也问我，一些小城市条件和环境有限，大家可能不知道怎么去欣赏音乐，何必要去？但我觉得这并不重要，很多事情都不是一蹴而就的，需要时间。

"从过去十年到现在，我见证了国民对于音乐感受力的提高，越来越多的人知道怎么欣赏古典音乐。所以我希望走向祖国的每一座城市，把我对古典音乐、对钢琴的热爱传递给大家。"

对音乐要保持纯真的心态

作为世界知名的钢琴演奏家，李云迪年年受邀在欧美及亚洲最著名的音乐厅举办钢琴独奏音乐会，足迹遍及全球 30 多个国家 200 多座城市。"旅行已经成为我生活的一部分，尤其是巡演期间，需要在不同的城市之间穿梭，这个过程肯定是辛苦的。但当我走上舞台，用音符与观众交流时，那种基于音乐引发的共鸣感和愉悦感足以将旅途中的疲惫抵消掉，这是音乐带给我的一种很纯粹的快乐。"

7 岁那年，已经学了手风琴的李云迪对钢琴产生了兴趣，他在日记本上写下自己的梦想：成为一名钢琴大师。但是那个时候，李云迪并不太了解什么叫作"钢琴大师"，"觉得应该是弹钢琴很厉害的一类人群"。

与这个非常具体的目标相比，李云迪更明确的是自己对于音乐与钢琴的热爱。"在那个年代，大众普遍对古典音乐感到陌生，到底学完之后朝什么方向走、以后会怎么样等。初中准备去音乐学院新进修时，我曾有过犹豫，但支撑我走到今天的理由很简单：'我想弹琴。'"

即使在第 14 届肖邦国际钢琴大赛中脱颖而出，成名后的李云迪也只是想演奏好每一首作品。"我觉得，对于一名钢琴演奏者而言，保持对音乐纯真的心态最重要，最终音乐会伴随我走完我的人生。"

"我享受内心的宁静"

近年来，李云迪多次出现在娱乐节目中，引发了业内不小的争议。对此，李云迪的态度是"坚持把肖邦进行到底"："现在的古典音乐在当时也属于流行曲的范畴，如今也应该在传播形式上动些脑筋——通过娱乐节目这种大众更易接受的形式来传播古典音乐，也希望更多的人可以通过我的演奏喜欢上古典音乐。"

熟悉李云迪的人知道，这位优雅的钢琴王子热爱美食，喜欢汽车，也爱藏酒，从小就喜欢打乒乓球。不过，提及这些爱好，李云迪表示这并不是他乐于与大家分享的。

"我觉得这些爱好是很自然的一个状态，自己的生活自己体会就好，有感触时再与大家分享。属于我个人的时间很少，所以我更喜欢安静和独处，让自己真正放松下来。"

"音乐的道路上需要付出极大的耐心与毅力，保持心态的平和非常重要，对音乐演奏者而言尤其如此。不论外界如何喧嚣，我享受内心的宁静。"

不一定要成为一个职业钢琴家

作为中国万千琴童的偶像，李云迪表示："兴趣驱动给了自己很大的助力，但这并不表示自己没有烦过。每天做同一件事一定是枯燥的，而且是日复一日的重复练习，需要成百上千遍的演奏（钢琴曲目）。在这个过程中，你需要凭借执着的精神，去寻找音乐的真谛，认真地感受作品传递出的情感，这个过程是非常痛苦的。但你最终创作灵感的获得也得益于你的痛苦和挣扎。

　　"让孩子学习钢琴，不一定让他最终成为一名职业的钢琴家，但可以用音乐和钢琴伴随他的人生，我认为这很重要。在很多国家，学音乐就像运动一样普及，不是踢足球就要像罗纳尔多，打篮球就要成为乔丹，学绘画就一定要成为毕加索。音乐是我们生活的一种状态。我有很多朋友，他们来自各行各业，从小或多或少接触过音乐，不论当初喜欢或排斥，长大后，他们会感谢曾经有这样一段学习音乐的经历。在日后的生活中，音乐可以帮助他们排解压力、愉悦身心，提升幸福感。

　　"所以我非常赞成小孩子从小学音乐，让自己日后的人生更丰富，也更快乐。在未来我非常希望有条件去帮助、支持他们，为我们这个时代的古典音乐做出更大的贡献。"

写于 2016 年 5 月 17 日

● HAYA 乐团：真实面对内心，就能发现无穷的能量

HAYA 创作的每一首作品都是源自他们内心的声音，如果说这种声音让你联想到蒙古族，那是因为他们本来就是蒙古人，不用刻意做一个标签，你会从音乐里接收到这种"辨识度"。雕塑家达西·纳姆达科夫曾说："真实地面对自己的内心，你就能发现无穷的能量。"HAYA乐团一直在追求这种能量，这是他们音乐创作的原动力。

HAYA 乐团空降昆明，笔者的朋友圈里曾刮起了一阵"HAYA 风暴"：一场音乐的洗礼、净化灵魂的歌声、天籁之音……溢美之词，不绝于耳。有人在观看完 HAYA 乐团的演出后，这样评价道："之前一直以为这是支蒙古族乐队，现在才发现如果把 HAYA 乐团仅仅定义为蒙古族音乐，那真的太狭隘了！"

尽管之前一直被媒体与音乐发烧友们热捧，但 HAYA 乐团真正走入普罗大众的视野还是始于《我是歌手》第四季时的惊艳亮相。曾有乐评人指出：现在的电视音乐选秀节目，经过晚会歌手的时代之后，又被草根故事会型歌手收割了一遍，已经陷入了一种大众审美上的瓶颈，在这种大背景下，HAYA 乐团恰到好处地进入了主流观众视野。

再谈及为何会参加《我是歌手》时,HAYA乐团的主唱黛青塔娜说:"音乐除了商业娱乐、快餐消费外,是可以滋养人心的。民族性的东西是我们身上最闪光的部分,是融入我们血液里的,把我们内心最独特的东西用最诚实的声音表达出来,传递给更多的人,是我们站上那个舞台的价值所在。现在来看,当初的目的已经达到了。"

一定要在音乐里注入自己的观点

HAYA乐团成立于2006年,是一支带着强烈民族色彩的跨界融合乐队,由蒙古族、哈萨克族甚至法国人组成。他们将传统的民族民间音乐,与先锋的、多样的音乐元素结合。

"HAYA是边缘,是无限的可能,所以我们没有边界:我们有法国人ERIC,也有哈萨克族的小伙儿穆热阿勒,而其他的成员都是佛教徒。我们是如此不同,却因为音乐走到了一起。

"所以在我们看来,HAYA还代表着包容、开放、融合、爱。我们在做的是一种世界音乐,在不同族群中寻找音乐的共性。为什么我们不叫乐队,而叫乐团,是因为我们是非常开放的,不同族群的人,只要在音乐上有共鸣,都可以加入一起玩,这样创作出来的音乐才是活的。一定要在音乐里面注入自己的观点,给它一种新的血液和生命力,出来的作品才能有存在的价值和意义。

"说实话,在中国节奏感很好的民族有维吾尔族、朝鲜族、哈萨克族、藏族,他们的血液里本身就带有一种节奏感,而蒙古族的节奏,相较于印度、阿拉伯那种热血的节奏,不是那么丰富,那为什么不把世界上公认的好节奏拿过来为音乐服务呢?

"在HAYA的音乐里你会听到好的节奏、西方成熟的和声体系,加上蒙古的呼麦和马头琴，以及蒙古的长调和吟唱，它就是 HAYA 想要传达的音乐观点：一种既传统又不传统，既流行又跟流行不太一样的东西。"

沉淀的音乐，必在喧嚣之外安宁地存在

成立近十年来，HAYA 乐团已经唱遍了日本、法国、瑞典、加拿大等地，推出了《狼图腾》《寂静的天空》《灯》《迁徙》《疯马》5 张专辑，张张获奖，颇受好评。

"其实乐团一路走来，并不是一帆风顺的。尤其是在 2006 年到 2009 年，我们的音乐难以让人接受。在青海湖边，我们自问：如果这个音乐就是很寂寞的，没有人聆听，你还会继续吗？最终我们的答案是：即使是这样，这也是我们一生中最幸福的事情，真正诚实地面对自己的内心。"

对此，乐团主唱黛青塔娜很是感慨："沉淀的音乐，必在喧嚣之外安宁地存在，如同我们置身狂野和戈壁，让身心接受考验的时候，没有疑问，也没有回答，大山露出的岩石一层层，从远古至今沉默不语，大自然从不慌乱地运转，一切都在她的怀抱里。

"HAYA 的创作始终秉持让音乐回归到精神层面，它一定不能是一个故意的行为，而是形而上的，看不见也摸不着，但是会让听到的人惊讶：'竟然可以做？''你们是怎么想到的？'这种天马行空的创作背后需要积累，需要沉淀，需要走心，在这个过程中，需要耐得住寂寞和煎熬，现在回头看，当初的坚持是值得的。"

不要低估大众审美

"艺术当然都渴望自由地生长，但是要以生存下来为前提。在任何时候，都会存在大众审美与个性艺术之间的冲突，这中间需要找到一种平衡，艺术家要想有资金的支持，就要学会如何去面对这个市场，找到支持他们的人来成就他们的艺术。这个过程也许是痛苦的、是无奈的，但是必需的。

"在寻找这种平衡的时候，不要从一个极端走到另一个极端。很多人也在问我们，是否担心大众会不接受我们这种'小众'乐团？甚至有一些电视节目、媒体也会对我们说：大众听不懂，我们需要什么什么才可以保证收视率。在我们看来，这未免太低估大众的审美能力了。作为音乐人，我们有义务引导大家接受更多、更新鲜的音乐形式，至于评价好坏，是大众的权利。最可怕的是大众被剥夺了这种权利，这样就会形成一种恶性循环，不利于整个音乐市场的长远发展。"

在笔者看来，HAYA 乐团的走红大概是我们在听惯了流行歌曲之外，发现居然还有这样一种音乐，如此扣人心弦，直抵心灵中最柔软的部分；可以让我们浮躁的心灵到达一个空灵而又自由的空间，与真实的自己对话，这就是 HAYA 乐团带给我们这群都市人的一种最珍贵的感动。

写于 2016 年 5 月 25 日

● 陈琳：让旋律呼吸的优雅魔术手

她的指挥风格，你必须亲眼看见才能充分感受：在她那电光火石般精准又饱含能量的指挥下，充满了呼吸感的旋律流动成一个个令人惊叹、闪烁着光泽的拱形；她的肢体语言和丰富的表情，激发着整个乐团的激情和创造力；乐迷惊呼她拥有一双"魔术手"，精细地调整着音乐会的节奏，把音乐作品的魅力丝丝入扣地展现出来，让你在不知不觉间进入音乐的完美世界。她是陈琳。

有人曾半开玩笑半认真地说过："女性可以当总统，但不能当指挥家。"的确，在男性"一统江山"的严肃音乐领域，优秀的女性音乐家可谓是屈指可数。对于指挥专业来说，优秀的女指挥家更是凤毛麟角。

对此，陈琳有着自己的看法："很多人说，较之男指挥家，女指挥家在音乐作品的演绎和把握上具有一份天生的细腻和感性。我觉得这种说法并不是很准确。首先，绝大部分音乐作品的作曲者都是男性，他们从自己的视角出发，通过作品抒发情感，这个肯定与女性视角是有天壤之别的。

"当然，女指挥家可以基于自己的理解对作品进行二次创作，但还是要尊重、再现作曲者的原本想法；再者，指挥这个行业对于从业者的体力、精力都有很高的要求，女性在这两方面都不具备先天优势。这也是女指挥家特别是优秀女指挥家相对稀少的原因之一。"

而当初选择指挥这一专业，陈琳也有一个"寻找自己"的过程。"我在中央音乐学院附中学的是作曲专业，后来发现自己并不适合。考入中央音乐学院之后，我发现作曲与指挥的关系比较近，两者的基础课是一样的，于是选择了指挥专业。"

"我是一个很幸运的人，可以在学习的初期遇到一位良师。"这位陈琳口中的"良师"便是中央音乐学院院长俞峰教授。谈及这位启蒙恩师，陈琳充满了感激之情："本科五年、研究生三年，我在俞教授门下共学习了八年的时间，他对我的要求非常严格，给我打下了非常坚实的基础，也为我提供了很多机会。"

2000 年，陈琳获得美国伯恩斯坦奖学金，免试赴美参加著名的坦格伍德音乐节。在音乐节期间，她不但跟随国际指挥大师小泽征尔先生学习指挥，同时成功举行多场音乐会。小泽征尔先生非常赏识陈琳的艺术才华，将她收为特别研究生。

"同为亚洲老师，小泽征尔先生非常注重技术的练习，在对乐队的控制力、对指挥技术的精准要求方面，给了我非常大的帮助和提升。小泽征尔先生还为我创造了很多在国外学习和演出的机会，特别是在松本斋藤音乐节上与世界一流乐团的几次合作，让我受益匪浅。"

指挥与乐团是相互启发的关系

以优异成绩毕业并留校任教的陈琳，又在 2005 年受聘于美国辛辛那提音乐学院。在教学的同时，陈琳也活跃在国内外的音乐舞台上，曾指挥过法国里昂交响乐团等多个国际著名交响乐团，广受好评。

"乐团是分等级的，指挥也是。一名优秀成熟的指挥，可以带动、激发乐团的激情；同样，一个一流的乐团，对于一名年轻指挥的成长与提升也会有很大的帮助。当时在斋藤音乐节上，我作为一名年轻指挥，有幸与来自世界各地的一流乐手组成的乐团合作，在工作中，他们始终持一种包容的心态，给我提出了很多正面的建议，大家在一起探讨音乐，相互启发，彼此都收获了很多。"

"目前，对于地方乐团来说，指挥尤其是常任指挥的缺乏，已经到了捉襟见肘的地步。而很多指挥专业毕业的年轻人，宁愿在北上广'漂'着，也不愿意去地方乐团。"在谈及国内指挥行业现状时，陈琳说道："这个问题其实已经探讨了很多年，在我看来，这不是个体问题，我们不能一味苛责年轻人的选择，毕竟留在北上广有更好的资源，可以接触到国际国内一线的乐团和演奏家，成长机会也更多；另一方面，地方乐团因为资金投入不够，也很难吸引到优秀的乐手，这也导致了乐团的整体水准不高，很难对年轻指挥的业务提升带来帮助。

"不过，这个问题正在逐步得到改善：越来越多的地方政府开始意识到音乐在城市文化建设中的重要性。一些经济走在前面的城市，开始加大相关资金的投入，地方乐团也逐步走上职业化道路：兴建正规的演出、排练场所，招募优秀的乐手。照此发展的话，可以预见未来五到十年，地方乐团会吸引到更多年轻、优秀的指挥人才加入。"

适当的参赛有助于技术能力的提升

陈琳曾在 2007 年波兰卡托维茨第八届国际指挥大赛上获得"银指挥棒奖"和"波兰著名作曲家西曼诺夫斯基作品最佳指挥奖"两个奖项，

在被问及"你是否认同参赛是一种快速提升能力的途径"时，陈琳的回答谨慎而坚定："在不影响教学秩序的前提下，我个人认为适当参加比赛对于教学的推动、学生专业的提升乃至今后职业的发展都是非常有好处的。

"指挥专业的日常教学单靠课堂上的讲解是无法完全领会的。毕业后，你会面临很多客席乐团。基本没有练习的时间，你必须确保短时间内即与客席乐团共同呈现出一场合格的音乐会。

"我们指挥的工作'乐器'是由一群有主观意识的人组成的，那就不可避免地受到乐团演奏者的局限，遇到不太好的乐团，演奏水平不行，或工作态度有问题，同样会影响你的现场发挥。

"同时，对于大部分年轻指挥来说，成名前也很难与一流乐团合作。那么，参加比赛就是一个非常难得的，可以让你整合以往教学知识、检验自身成色的机会。因为比赛中配备的都是非常优秀的乐队，不管你的行业资历深浅，在比赛中乐队都会全身心地配合你指挥，在这个过程中你可以重现每一个指挥细节，你才会知道自己到底对不对，这个时候试出来的东西才客观，才真实。

"当然，这一切都必须在不影响正常教学的前提下，否则就会舍本逐末，得不偿失了。"

不热爱，就别学指挥

笔者的学生尹炯杰曾以专业成绩全国第一名的身份被中央音乐学院附中录取，目前跟随陈冰老师学习指挥。"任何艺术门类的学习都需要天分，指挥也不例外。他（尹炯杰）是一个很有天分的孩子，自己也比较喜欢指挥，从小就接受了一些业余阶段的训练，在他这个年龄层的孩子里面就显得比较突出，但是要想成为一名优秀的职业指挥家，他还需要大量刻苦的训练。

"近十年来，受大学扩招的影响，不少学生对于艺术学习抱着一种'应试'的态度。在我看来，如果你不是真心热爱指挥，就真的没有必要选择指挥这种压力非常大的专业。指挥对于精力、体力的高强度要求，即使男生学习起来都毫不轻松。

"没有坚定的目标和理想，是难以克服学习中的困难和艰辛的，即使毕了业，也没持续的动力开始自己的职业生涯。这对于老师和自己的付出，都是一种极大的浪费。本科阶段是一个人脑力、体力、精力最黄金的时期，为什么不选择一个自己热爱并适合自己的专业呢？"

最后，在被问及如何看待当前国内艺术演出市场时，陈琳回答道："当前国内艺术演出市场整体是向好的，无论是整体的运作还是票价的制定，都更加理性、客观、健康。让大家真正消费得起艺术尤其是高雅艺术演出，这对于培养艺术消费群体是十分重要的。在这一点上，各地的政府、艺术策展机构、剧场等都在努力，中国未来的艺术演出市场是值得期待的。"

写于 2016 年 6 月 2 日

● 张朝：民族与世界之间的音乐"求道者"

有人说：民族的就是世界的。也有人说：越是民族的，就越不是世界的。在我看来，这两句话都对。从世界音乐的角度讲，民族性是个性显著的特征之一，如果泯灭了民族性，个性就难以存在了；但是保持民族化的东西，又不等于搞自我封闭，否则就会逐渐被主流审美边缘化。

只有通过世界音乐的丰富养料来哺育我们，我们本民族的音乐才会更加茁壮地成长。但有一点，如果忽略了作家的艺术个性，世界性也难以存在。所以从创作的角度讲，作品应该具有世界性、民族性和作者的艺术个性。

2015 年，历史悠久的音乐出版社——德国朔特出版社在与张朝签约时，问了张朝一个很有意思的问题："你的理想是什么？"他张口便答："从 13 岁起，我的理想就没有改变过——用音乐影响别人，让世界变得更美好。

"我父亲曾经跟我说，皇帝是有世袭制的，父亲死了可以传位给儿子；但音乐是没有世袭制的，学习音乐的目的是希望美好的东西可以伴随你一生，至于成不成为音乐家是你自己的事情。"

尽管身处山区，但在父亲的努力下，张朝很早就开始了音乐之路：5 岁学扬琴，6 岁学小提琴，7 岁学钢琴，10 岁学手风琴，12 岁随父亲学习作曲……"其实小时候，我最喜欢的是美术，其次是诗歌，但是父亲坚持让我'子承父业'。"

虽然最开始是"被迫"学习音乐，但很快，音乐就为张朝展现出了一个全新的世界。"比我所处的真实世界美好太多了。那时正处'文化大革命'时期，回忆童年，如果说现实是一部昏暗的黑白电影，音乐则给了我一个彩色的、快乐的童年。从某种意义上说，是音乐拯救了我。"

"所以，在我十二三岁的时候，我立志跟随音乐家的脚步，走进音乐的世界，我不仅要学习演奏，也要学习作曲。"山区里的学习环境异常艰苦，白天在外演奏《红灯记》之类的样板戏，晚上回到家才有机会学习古典音乐。在那个年代，大山给了张朝一方安静的天地，让他可以静下心来感受自然，感受大山里面少数民族的生活。

"云南的民族音乐给予我非常多的养料，那种勃勃的生机、原生态的律动、质朴的情感表达，都让我深深着迷，对于我早期的音乐启蒙起到了深远的影响。"

"我庆幸赶上了最好的年代"

14 岁时，张朝考入云南省文艺学校随庄远莺老师学习钢琴，开始了 5 年的求学生涯。"那时候'文化大革命'刚刚结束，还没有受到 20 世纪 90 年代经济大潮的冲击，是学习音乐最健康、最阳光的 10 年，也是音乐教育发展最快的 10 年，大量优秀的音乐家就是从那个时候涌现出来的。"

"当时周广仁先生会定期来昆明办学，由于她与我后来的老师叶俊松先生的关系非常好，所以周先生也非常喜欢我，鼓励我报考中央音乐学院的钢琴专业。"但遗憾的是，当时政策规定：中专生必须工作两年后才能报考大学，就在张朝无奈准备就业时，另一个机会悄然降临。

"不久，中央民族大学音乐系的夏中汤教授来云南招生，经朋友推荐找到了我，说学校对于少数民族地区有特殊政策，可以直接报考大学，但是要改报作曲专业。"就这样，张朝有些"戏剧化"地开始了自己的大学生涯。

"当时学校可以修双学位，所以在大二时，我又选修了钢琴专业。"凭借着优异的成绩，张朝顺利留校任教。经过几年的教学实践后，想在作曲方面继续深造的他，报考了中央音乐学院研究生，最终以全国第一名的成绩拜入著名音乐家郭文景教授门下。

"我很庆幸赶上了最好的年代，民大给我打下了民族音乐的坚实基础，中央音乐学院则为我打开了一扇通往世界的窗口。"

我已经停止了"上下左右"的摇摆

"20世纪80年代是中国音乐真正起步的时期，在步入正轨的过程中不可避免地会受到各种冲击。我管这叫作'上下左右'。上，指的是跟随西洋、学习西洋，'文革'结束后，大家都在如饥似渴地学习西洋20世纪现代作曲技法，从基础教学到现代教学，这种现象现在还存在，教出来的学生大多是'洋脑袋'，身体里流淌的都是西洋技法的血液。下，指的是带有泥土气息的民族音乐。左，是精神层面。右，是物质层面。受商业大潮的冲击，越来越多的剧场、学校、出版社都开始了公司化运作，这个过程中，艺术被商业裹挟，很多繁荣现象背后恰恰是艺术本身的退化。

"当时西方有一家报纸，报道中国在经济发展的同时，民族文化急剧衰落，讽刺地写道：即使是民族氛围最为浓重的西藏地区都充斥着肯德基的气味。为了回应西方媒体的质疑，由民委、文化部牵头组织了一个多民族的综艺演出团体，进行世界巡演，委任我作为音乐总监。

"我只提了一个要求——每次演出都能随团去往国外，只为开阔眼界，学习国外的先进艺术理念，可以没有报酬。"于是，在长达七年的世界巡演期间，张朝每年都有一个多月的时间在国外。

"一次在意大利罗马的演出结束后，意大利国家音乐电台的总监带着中国驻意大利大使找到我，激动地表示我们这种多民族国家的多元文化带给他强烈的震撼！尽管我们表现的是自己民族的东西，但是创作手法并不落后，他从中看到了很多与世界接轨的技术与技巧，希望我们刻录 CD 盘给他，然后通过国家音乐电台向全意大利播出。

"那一刻，我很感慨，世界对我们是多么的陌生；但也就是从那一刻开始，我停止了关于'上下左右'的摇摆。我们不应该再纠结'民族的到底是不是世界的'话题了，精神是民族的，但表现手法一定是世界的，就像是放风筝，风筝飞得再高，线也不能断，这股线就是我们的民族认同感。

"遗憾的是，很多音乐院校忽视了我们自己的根，全盘西化的教学培养出的只能是西方音乐的学生。古话说：取法于中，仅得其下。只有用世界音乐丰富的养料哺育我们的民族音乐，才能让我们的民族音乐真正地走向世界，为世界服务，并得到世界的承认，我们才算得上一个真正的文化大国。"

艺术为大众服务，不是迎合，而要引领

"艺术要为大众服务，这话没错。但如果把为大众服务理解为无条件地迎合大众，这是非常危险的。当前商业文化、快餐文化、晚会文化的泛滥就是这种错误理解的恶果。

"中国交响乐创作中心云南创作实践基地落户红河，在座谈会上，我们提出随着经济的不断发展，高雅艺术却是不断倒退的。原因很简单，艺术创作跟商业接轨，写交响乐的很多都跑去写流行音乐了，民族音乐作品越来越少，好的作品更是凤毛麟角，市场繁荣的背后恰恰是真正艺术的没落。国家文化一定是高雅艺术的范畴，这是我们每一个从事艺术相关工作的人都必须反思的。

"有人说古典音乐是音乐金字塔的塔尖，流行音乐是塔身，通俗音乐是塔底，所以普及音乐教育要从通俗音乐开始，这种观点是非常错误的。正是因为古典音乐是塔尖、是精华所在，才更要大力普及，只有把古典音乐作为音乐教育的开始，持之以恒地做下去，市场、观众对于古典音乐有了充分的认识和积累，才能提高分辨、鉴赏能力，才不会被一些恶俗的流行音乐所裹挟。

"另一方面，古典音乐实则是最流行的音乐，它已经走过数百年的光阴，其中也包括我们的《高山流水》《梅花三弄》。都说十年树木，百年树人，推广古典音乐的过程是艰辛的，但我们必须去做，这是时代赋予我们的使命。"张朝如是说。

　　作为中央民族大学音乐学院作曲教授，张朝在课堂上经常问学生这样一个问题："人类为什么需要艺术，需要音乐？"他自己的回答是："艺术都是人类创造的，人与动物最大的区别是：动物只需要现实的物质世界就够了，但人类还需要一个精神世界，在那个世界里，我们需要阳光、需要空气、需要绿色食品，这就是艺术存在的意义。"

　　　　　　　　　　　　　　　　　　　写于 2016 年 6 月 17 日

● 肖玛：唱响中国人的高男高音

提到男高音，相信很多朋友不会感到陌生；但是，大家知道何为高男高音吗？简单来说，高男高音就是通过专业的训练实现用男声演唱女中音甚至女高音的音域。这种源于巴洛克时代的演唱声部被业内称为"超出常规音域的特殊男高音"，演唱难度极高。现在，请跟随笔者走近"中国高男高音第一人"——肖玛，听听这位四川小伙讲述他与高男高音之间的不解之缘。

2016 年，高男高音歌唱家肖玛与中国音乐学院紫禁城室内乐团一起完成了历时 12 天共计五场的赴美文化交流演出，其对中国传统民族音乐的精彩演绎和中国民乐与西方音乐完美融合，深深打动了在场的每一位观众。肖玛本人更是被《芝加哥邮报》誉为"中国的国宝"。

如果你闭上眼睛聆听肖玛的音乐会现场，或许会以为台上的演唱者是一位女演员。因此，很多人会把高男高音与反串联系在一起，更有人把高男高音的音色称为"海豚音"。

对此，肖玛说道："高男高音是美声歌唱中一个古老而传统的声部，它是从中世纪西方合唱中假声男高音声部和阉人歌手的基础上传承发展而来的，结合了传统技术的优点并加以完善。真正的高男高音歌唱艺术并不是哗众取宠的表演，相较女中音、女高音的音域，它的音质更为结实、清澈、通透。"

业内曾有这样一句话："男高音＝难高音。"而高男高音则是难上加难，想出名更难。在被问到"为何会选择高男高音"时，肖玛用了"天时地利人和"来回答："首先应感谢自己的嗓音天赋，4 岁多我就可以模仿电视剧《红楼梦》中的女声插曲，9 岁时第一次从广播里接触到外国歌剧，我就被女高音歌唱家玛利亚·卡拉斯的演唱深深迷住了，还专门用磁带录了下来，自己跟着唱。虽然语言上有障碍，但自己很快就掌握了曲调。当时还不知道有高男高音这个声部，纯粹属于个人兴趣。后来考入音乐学院附中后，学习的是男高音声部，由于当时的老师也不了解高男高音，所以那段时间，基本上属于自我摸索的'瞎唱'。"

一次偶然的机缘，肖玛遇到了被他称为"高男高音领域领路人"的旅美男低音歌唱家龚冬健老师。"当时为了旁听龚老师的声乐课，我在课上担任钢琴伴奏。鉴于我有出演音乐剧的经历，龚老师听过我的演唱后，觉得我的乐感不错，决定帮我训练一下声音技巧，希望可以对我的流行弹唱有所帮助。

"有一天在车上，我和龚老师一起听了高男高音歌唱家安德烈斯·修尔的唱片。我就顺势问龚老师可否教我学习高男高音，之后的声乐课上，老师便开始指导我学习高男高音演唱技巧。回头看，自己很庆幸遇到了龚老师这位良师，给予我无私的指导和帮助；其次是过去的声乐和钢琴老师给我打下了坚实的基础。尽管自己正式学习高男高音时已经不算'年轻'了，但经过两年左右的学习，我开始正式接触歌剧。"

算起来，肖玛从学习高男高音的演唱到现在已经走过了 12 个年头。

这期间，他面对过很多质疑，也经历过不少挫折。2007年，作为首个中国高男高音歌唱家，肖玛报名参加了全国金钟奖比赛。无奈，当时中国对于高男高音的了解比较少，加上肖玛对于高男高音而言还是初出茅庐，因此，没能闯关成功。2008年的中国国际声乐比赛，肖玛报了名却没有进入复赛。

谈及那段灰暗时期，肖玛很是淡然："当时确实有很多争议，比如说，这种唱法不男不女、这种唱法太另类。在声乐界明显分成两派，一部分老师不认为这样的唱法能够进入声乐比赛，而另一部分老师则力挺我。连续几年未入选，归根结底还是自己唱得不够好，如果自己能够表现得无可挑剔，则不会有争论了。"

有句话说得好：真正的金子即使在沙砾中也会熠熠生光。经过几年的苦练与沉淀，在2014年年底的中国国际声乐比赛上，肖玛以亨德尔的歌剧《里纳尔多》中的咏叹调《让我痛苦吧》、罗西尼歌剧《塞维利亚理发师》中罗西娜的咏叹调《我心里有一个声音》等十首中外曲目成功夺得男生组第二名的佳绩。随后又成功被评选为中央电视台的新十大男高音。十年磨一剑，肖玛终于赢得了认可。

"汲取民族文化的养分非常重要。贵州作为我国少数民族聚居最多的省份之一，有着丰富的民族音乐素材，可以带给我很多创作上的灵感。其次，贵州方面给予我个人非常大的空间，我可以有很多深入贵州各地采风以及出国考察交流的机会。只有立足本土文化、民族文化，创作出的作品才是有生命力的。北上广等一线城市有人才、平台等优势，但相对缺乏好的创作素材，尤其是民族音乐素材，所以需要实现资源互补。"

为此，作为中国音乐学院紫禁城室内乐团驻团歌唱家，肖玛充分发挥了桥梁纽带的作用，不定期邀请中国音乐学院、中央音乐学院的作曲家来贵州交流、指导。"贵州虽然有很好的素材，但在理论创作上还比较薄弱，与这些作曲家老师的交流，不仅可以起到资源整合的作用，还可以对高男高音专业的学科体系、理论构建和人才培养模式产生十分积极的影响。"

在贵州师范大学音乐学院的支持下，肖玛在全国艺术高校中第一个建立了"高男高音声部"本科和硕士学科。"本科教学已经常态化，培养出了优秀本科毕业生，研究生教学也有了研二、研三的学生。目前，高男高音声部专业方向已经纳入贵州省音乐与舞蹈的一级学科中。下一步的计划，把高男高音声部逐步建设为省级特色学科，为将其打造为国家级特色学科奠定基础。"

除了日常的教学、科研以及声乐教研室的工作，肖玛一直没有停止高男高音落地中国的艺术探索：曾获得国家艺术基金项目的中国第一部元曲声乐套曲《元曲小唱》，就是肖玛与作曲家高为杰教授"洋为中用、古为今用"的大胆尝试。

从 1000 多首元曲中遴选出徐再思的《折桂令》、贯云石的《红绣鞋》和马致远的《落梅风》，重新谱曲创作成三段唯美委婉的艺术歌曲，曲间加上一首间奏曲组成室内乐套曲，肖玛巧妙地将三首经典古曲所表述的内容串联起来，叙述了一位元代女子与恋人从初恋懵懂、热恋缠绵到失恋哀怨的过程。2014 年，肖玛和紫禁城室内乐团的艺术家们在新西兰国际艺术节上联袂演出，引起强烈反响。

"这是第一部用元曲创作的室内乐声乐套曲，填补了国内这一领域的空白，也丰富了中国艺术歌曲的曲库，除了高男高声部之外，其他声部也可以演唱。五四运动以来，中国艺术歌曲的创作数量不少，但是佳品不多，经典作品更是凤毛麟角，在我看来，《元曲小唱》是有希望成为中国艺术歌曲的经典之作的。"

随着肖玛的走红，越来越多的男孩开始关注并加入高男高音这一领域。对此，肖玛的建议是："高男高音的演唱难度高，因此，学习的人也相对较少，人少意味着竞争少，但是绝不能怀有投机心理。学习高男高音要量体裁衣，要结合自己的天赋和综合基础，找出自己声音的特点，持之以恒地坚持下去，才有可能闯出自己的一片天地。"

在被问及下阶段的规划时，肖玛说道："2015 年，我在国家大剧院演唱了由高为杰教授之子——作曲家、钢琴家高平教授创作的室内乐声乐套曲《旋律遗弃》。该套曲以木心、翟永明等七位中国当代杰出诗人的诗歌为创作题材。与高为杰老师偏重古典的创作手法不同，高平老师的创作更趋于现代。由于演出的反响热烈，所以下阶段的计划是灌录唱片，8 月还将前往东京参加东京夏季国际音乐节的室内乐歌剧演出。此外，由我策划的'中国艺术家巡演计划'也在推进中，敬请大家期待。"

肖玛想通过笔者传达这样一个声音："希望有更多的专业人士关注高男高音声部在中国的发展，而不是关注我个人，同时希望有更多优秀的作曲家、更加优质的演出资源可以关注高男高音声部，大家一起努力，早日在世界舞台上唱响属于我们中国人的高男高音。"

写于 2016 年 7 月 16 日

● 黄蒙拉：音乐如同人生，分寸感很重要

2002 年，年仅 22 岁的黄蒙拉在第 49 届帕格尼尼国际小提琴比赛中一举斩获了中国选手暌违八年的金奖，并"顺手"把"帕格尼尼随想曲演奏奖""纪念马里奥·罗明内里奖"一并收入囊中，成为当年炙手可热的小提琴演奏家。从此，"东方帕格尼尼"的标签一贴就是好多年。这是一种荣耀，也是一种苦恼。如今的黄蒙拉学会了在音乐世界里更加自如地与自我相处。正如他自己所说："30 多年坚持做同一件事不容易，而且在接下来的二三十年我还会继续。"

采访一位知名青年演奏家，回忆其童年时的天赋异禀和学琴路上的勇猛精进似乎已经成了一种标配。而对于黄蒙拉来说，学习小提琴完全是"承载了父辈的梦想"——父亲是一名医生，绅士、精致、喜爱古典音乐，一位标准的上海"老克勒"。整个学琴经历更是一个大写的枯燥，对此他从不讳言："我是真的没天分，小时候讨厌拉琴，基础也不好，音准都是问题。即使在后来真正喜欢上音乐和演奏之后，每天长时间练琴依然感觉非常枯燥。"

小学六年级，他拜入名师俞丽拿门下，最初一个月，黄蒙拉因为

音准太差险些被"退货"，亏得启蒙老师张欣为他求情争取。后来俞丽拿下了决心，一天六七小时逐个音符地帮黄蒙拉校正音准，重新夯实基础，总算让黄蒙拉这个倒数的"差生"，以第二名的成绩考入上海音乐学院附中，成为公费生。回忆起这段"痛苦"时光，黄蒙拉充满了对恩师的感激之情："是她带我领略了古典音乐的美，也鼓励我走上音乐演奏的舞台。"

黄蒙拉的音乐人生真正拐点出现在 16 岁那年。当时他去法国参加青少年比赛，虽然未能获奖，但法国的气候、建筑、音乐都深深地感染了他，让他恍然大悟：原来音乐还可以这样演奏，"情感的世界比竞技的世界更有意思"。自此，这位后知后觉的少年终于"开了窍"。

金奖只是光环，不是终点

聊起自己的"成名之战"，黄蒙拉的回答让笔者吃了一惊："当时参赛完全是出于'锻炼''打发时间'的想法。"一炮而红之后，他经历了一段"不知所措"的时光："各种演出的邀约一下子多了起来。"冷静下来之后，他一直拷问自己：你的演奏真的足够强了吗？答案是否定的。于是，本应该是开始职业演奏生涯的"良机"，他却选择继续攻读上海音乐学院的研究生。硕士毕业后，他依然觉得自己有所欠缺，毕竟古典音乐发源于欧洲，几次出国比赛的经历也让他明白要拥有一段"生活在欧洲"的经历，才能更好地理解古典音乐的美学和内涵。

"不在一个国家浸淫一场，是无法真正收获它们的文化艺术养料的。音乐学院是学习一个国家文化的重要窗口。"黄蒙拉欧洲游学的第一站是英国皇家音乐学院，"在英国学习期间，每个晚上，从阿尔伯特音乐厅到小社区的剧场，都会有几十场音乐会同时举行；从本地交响乐团到外来乐团，从大师级演奏家到名不见经传的学生，都有自己的观众。这段时期让我对各时代各民族多元音乐的独特性有了更精准的区分和驾驭。"

而在德国吕贝克音乐学院的学习更像是一种"惊喜"："我把一切所学沉淀并且融会贯通逐渐形成自我的理解，不再亦步亦趋于风格的枷锁，在这严谨的国度居然收获了音乐上另一次的自由。"在欧洲，演奏家的最高学历就是硕士，黄蒙拉拥有三个硕士学位，他却称"学历对我来说不重要，我看重的是经历"。

"去掉金奖的光环，可以潜心探索艺术真谛。"这是他在接受采访中说过的一句话，而这句话也印证在他的演奏上——曾经有乐评人说他演出的乐曲"极为严谨，任何谱面上的小细节都不放过"。

技术性难在精确，音乐性难在分寸

11 岁开始拉帕格尼尼的《魔鬼颤音》,22 岁摘得帕格尼尼大赛桂冠，31 岁正式推出个人专辑《帕格尼尼 24 首随想曲》……黄蒙拉的音乐生涯注定与帕格尼尼有着千丝万缕的关系。"刚得奖那会儿就已经有意愿要出专辑了。但是，觉得自己虽然技巧有了，但音乐上的感悟仍然太浅。于是又磨了九年。这九年磨出来的不是技巧，而是音乐性。

"单纯从技术方法出发，难在精确，体现在任一技术动作之上。如果从音乐理解和表现出发，难在分寸。技术上精确地展现出恰当的音乐变化的分寸是有修养的小提琴演奏最难的部分。这也是我一直在不断追求、完善的方向。"

在被问及"与众多演奏过《帕格尼尼 24 首随想曲》的前辈大师相比，自己的演奏有何特点"时，黄蒙拉的回答完全是一个耿直的摩羯男风格："音乐演奏很像说话，你只能说有语速、语调的差异，但很难精准地概括说话的特点。当代对于古典音乐就某些风格表现分寸的理解上与 20 世纪有些许不同，而这种变化不是由一两个人带来的，而是整个时代精神的进化，我们身处其中只能为听众带来这种变化的个体反映，只能说角度和立场不同而已，唯一可区别的或许只是感受和思索深度的不同。"

在被问及是否有一些演奏家说的那种"完全投身于音乐，被音乐带着走，放空去享受"的舞台经验时，黄蒙拉坦白"几乎没有过"："这种瞬间自信爆棚的状态可遇而不可求，特别难得又美好。但是我并不追求这种东西，气氛不是音乐，high 也不是音乐的目的。正如我刚才所说的，分寸感很重要。"

艺术市场正在经历变革

黄蒙拉接受《三联生活周刊》专访时曾坦言自己内心更希望录制贝多芬、巴赫等传统德奥系的小提琴奏鸣曲。但他同时也直言不讳地提到"唱片公司觉得我来录这些不会有市场"。事实上，不只黄蒙拉，任何一个青年音乐家录制严肃的大型作品几乎都没有市场。古典音乐的市场面向圈外人、面向大众音乐范围仅仅是一些熟悉的小曲。

对于黄蒙拉来说，"东方的帕格尼尼"是一种荣耀，也是一种限制。无论是与乐团合作协奏曲还是单独的奏鸣曲专场，主办方几乎都会提出同样的要求——"就拉帕格尼尼吧"，绝大多数时候，黄蒙拉会妥协。"虽然不是很开心，但是我理解这些人。我必须坚持一些东西，市场已经很残酷，如果我不坚持，没有人会替我争取我想要的。"这个现象直到近两年才稍有改善，他终于可以拉点别的了。

在被问及对当前国内艺术市场的看法时，他说："中国的艺术教育呈现功利化已不是一天两天的事了，这也是无法避免的，只希望在这片土壤和环境下依然可以开出不染尘埃的莲花。演出市场正处在上升期，也正在逐步走向正规化和专业化，某些领先的院团已制定出了国际化的标准，让人感到振奋和期待。我们正在经历一场迅速的变革，我们用几十年走完了别人几百年的路，虽然对于个人而言会有迷茫，但时代的步伐不可逆，尽力享受其中的美妙吧。"

与自我从容相处

生活中的黄蒙拉是个连兴趣爱好都比较安静的人：喜欢阅读、登山、去沿海城市玩帆船，或者干脆瞎琢磨一些无关现实的事……在他看来这样的性格其实和学小提琴有很大关系："学乐器的人，常常遇到各种问题，每次练琴时的小插曲，都要靠独立思考去找出答案，久而久之会习惯并享受这种独处。"他不是一个依赖他人去消除孤独感的人，可以与自我从容相处。

这种从容还体现在对女儿的教育上，黄蒙拉和太太是小学同学，大学时开始交往，后来又一起赴英德留学。太太是个喜欢做计划的人，规律生活讲求效率，而他则是随意型，即使一个人在城市中迷路也很开心，"我觉得世上的事情，除了艺术有上下高低之分，其他没有什么是一定要怎样的。对女儿的教育也是这样，几点吃饭几点睡觉，舒服就好。"

尽管把大量的时间投放在练琴和演奏上，但黄蒙拉认为"教学才是我的主业。教学不是做实验，学生的时间和生命不敢任意挥霍，只好拿自己做试验品，彻底搞明白每首乐曲的所有含意、演奏方法、练习方式，才有一些授课的信心"。

　　在被问及下阶段的规划时，黄蒙拉表示："年底计划一场《帕格尼尼24首随想曲》的巡演，昆明也有一站，应该是国内第一次以这套曲目作为巡演的主题，这是对获得帕格尼尼大赛金奖之后的三个五年计划的总结，也是我在过去15年里对于帕格尼尼随想曲更多思考后的重新诠释。"

写于 2016 年 9 月 22 日

● 苏立华：聊音乐，我可能会说错话，但绝不说假话

　　在中国乃至世界的古典音乐评论圈里，苏立华都称得上一个"异数"：没接受过一天正规音乐教育的他，却凭借超强的耳力天赋和自学能力，成为业内公认的专家之中的专家；他从不随波逐流，对于艺术的标准有着近乎执拗的坚持。

　　如果他认可你的艺术水准，哪怕你寂寂无闻，他也会不遗余力地为你宣传、推广；但如果你的水平不到家，哪怕你手捧金山银海，他也不会为你多说半句好话。他是众多青年艺术家眼中的伯乐，也是不少人攻讦的对象，对此，苏立华的回答是："聊音乐，我可能会说错话，但绝不说假话。"

　　尽管早已是蜚声业内多年的知名乐评家，苏立华本人却不认可这个头衔："在国外，乐评家不仅是一个称号，也是一种职业，需要经过专业的学习和训练，前提是你必须具备起码的专业知识。我理解的中国式音乐评论，大概分两种：一种是从音乐专业的角度进行纯学术性或学术兼欣赏的评论，一种则是从纯欣赏的主观感受进行评论。在我看来，后者甚至都不能被称为评论，只能算是一种基于个人聆听音乐的

主观感受。

"就我自己而言，没有接受过正规的音乐教育，但这不妨碍我从音乐欣赏的角度，根据自己的认知和感受，对音乐作品和音乐家给予我自己的评论。我离乐评家还很远，我更习惯称呼自己为音乐欣赏感想家或是敢想家，热衷于欣赏，敢想敢言。仅此而已。"

生活是最好的老师

1962 年 7 月 28 日（这一天也是作曲家巴赫的忌日），大理州宾川县太和华侨农场场部兽医站一个九斤重的大胖小子出生了，当时的农场场长曹光耀为这个险些生在马厩里的男孩取名为"立华"，纪念太和华侨农场成立。

"整个农场的职工 90% 左右都是越南、印度尼西亚、印度、缅甸、柬埔寨等国家的归侨，农场成了一个文化的熔炉，最直观的表现就是在音乐上：印度华侨非常热情开朗，经常手持洗脸盆边唱边跳，印尼华侨则会弹吉他、拉小提琴、拉手风琴，农场 13 个生产队还会经常聚在一起搞歌咏比赛，当时的生活条件虽然艰苦，但大家对于艺术的憧憬还是很强烈的。这一切在当时落后的宾川县，简直就是一处文化荒漠里的绿洲，我就是在这种氛围里长大的。"

也许是耳濡目染的缘故，苏立华很小的时候就展现出了音乐上的天赋：耳力和记忆力都超强。"六七岁时去看电影，回家路上就会哼唱电影里的主题曲。我还用简谱把电影里的音乐记录下来给会玩乐器的叔叔阿姨演奏。我那时有一个很要好的乐迷朋友，小名阿牛（张立武），他父亲是个古典音乐迷，私藏了几张很珍贵的 78 转古典音乐唱片和唱机，还有一本中央音乐学院影印盗版的《外国音乐欣赏》，那是我进入古典音乐的第一道门。

"后来，我听什么声音，都用乐音去找音高和打拍子。比如，我爸骂我的时候，我会自己悄悄地打拍子；我父母吵架的时候，我也会找其中的音高。渐渐地，我发现周围听到的一切都是音乐，只要你用音乐的耳朵去聆听。"

渐渐地，苏立华萌生了学习乐器的想法："当时买不起乐器，就找农民要来竹子，砍下一节来，用烧红的铁棍来烙洞，尝试着自己做笛子，一开始音不准，就去找人家从商场买来的笛子做比对，重新找洞与洞之间的距离，自己摸索着吹。直到音准。"凭着这股执着劲儿，苏立华学会了笛子、口琴等乐器。

后来，母亲用 37.5 元钱为苏立华从新华书店买了其生命中第一把小提琴。当时的一位邻居叶阿姨成了苏立华的"小提琴启蒙教师"。"叶阿姨也只会一首曲子，就是《上甘岭》的主题曲，结果一个星期后我就学会了。当时也不知道什么叫调，全凭耳朵去听。听到什么拉什么。别人唱什么我跟着对方的调子去拉。我的耳朵好，与其说是手在演奏，不如说是我的耳朵在演奏。"

后来，他又去书店买了一些诸如小提琴演奏法等基础的乐理书，开始自学，慢慢地他的小提琴越拉越像样。当小提琴演奏有一定基础后，苏立华找到宾川县文艺宣传队里相对专业的小提琴老师学琴，此时的他已经十七八岁了，虽然这个年纪对于学习乐器来说已经偏大，但凭借着良好的耳力天赋和对声音的敏感，加之专业指点，苏立华的小提琴水平突飞猛进。

苏立华曾两次报考云南艺术学院未果，最后，他以小提琴特长生的身份考取四川外国语大学。对于这段经历，苏立华并不讳言："当时也不知道什么叫专业和业余，以为专注地学就是专业。我在高考报名表的特长栏里填写了专业小提琴演奏。结果，大理师范专科学校都不要的我，却被四川外国语大学以该校史上最低的录取分数录取了，大概就是看中了我专业小提琴的特长。"

大学四年，苏立华如饥似渴地学习一切与古典音乐有关的知识。"我听了不少古典音乐经典曲目，看了不少音乐理论和音乐家传记。我痴迷音乐，在学校出了名。还举办音乐欣赏讲座，讲郭文景刚写好不久的现代音乐作品《夔人悬棺》。临近毕业时，别人的行李就几个包，我有十多个箱子，里面全是音乐书籍和磁带，光古典音乐磁带就有 200 多盒。"

回忆起当初那段学习经历，他深有感触地说："我一直认为，写在书本上的知识是死的，我们需要把知识学活，变成可以与生活相印证的东西，这样演奏出来的音乐才会自然，才有感染力。"

我的"第一桶金"全部买了唱片

1986 年 2 月，大学即将毕业的苏立华做出了一个出乎所有人意料的决定——报考中央音乐学院音乐文献编译专业的研究生，结果非科班出身的他在全国 300 多名报考者中脱颖而出，顺利进入复试。

苏立华复试翻译的作品是《巴洛克音乐的基本特征》，此文还被刊登在当年的《中央音乐学院学报》上，但由于政治考试没发挥好，最终还是遗憾落榜。著名音乐翻译家、中央音乐学院的教授张洪模深感像苏立华这般"既懂音乐，英语又好"的人才难得，再三嘱咐他明年一定要再来报考。

同年 7 月，苏立华毕业分配到交通学校担任英语老师，"当时脑子里全是音乐，上课的时候有一半的时间都是在跟学生们聊音乐"。一次偶然的机会，他成为一名兼职导游，"带老外参观景点时，景点部分的介绍通常是一笔带过，更多的是向他们介绍四川当地的音乐、扬琴、民歌等，经常有老外开玩笑说：你不该当导游，应该去当音乐老师"。

由于表现优异，不久他就被调到中国旅行社工作。头脑灵活的他不仅拿下了中国第一批高级导游证，还是四川最早从事户外特种线路旅游策划和领队的翻译导游之一："和一般导游喜欢带游客逛商场不同，我开发的线路都是比较特别的，比如，带游客去探秘当时还未完全开发的九寨沟，去寻访宜宾传教士的旧址，去藏区感受独特民俗风情等。"很快，苏立华就赚到了人生的第一桶金。

"20世纪80年代末90年代初，正是激光唱片刚刚进入市场的时候。别人赚到钱都去搞理财投资了，我则全部买了唱片，最多的时候家里有几万张唱片。"谈到这里，苏立华调侃，"当初比我挣钱少很多的人现在都比我富有多了，不过我一点也不后悔。音乐和唱片给我带来的财富是花再多钱也买不到的，也是我唯一可以嘚瑟的本钱。"他的评论文章是成都唱片市场的"风向标"。

慢慢听出感觉后，苏立华用英文给当时世界上最大的唱片公司——宝丽金写了一封信，就古典音乐如何在中国落地推广以及中国市场的特点提出了自己的看法。这篇文采飞扬、专业性极强的来信得到了宝丽金总部的高度重视，远东办事处的总经理李志荣先生和公司业务主管邱雨中先生亲赴成都与苏立华接洽，邀请他为宝丽金的唱片撰写评论文章，并在每周四、周五分别在《成都商报》《成都晚报》上做专栏刊发。

凭借着生动的语言风格和深入浅出的专业解读，苏立华迅速拥有了一大批粉丝，其中不乏音乐学院的老师和学生，经常出现他点评哪张唱片，第二天这张唱片就在成都卖断货的奇景。

　　见识到苏立华在成都唱片市场超强的号召力后，电视台邀请他开办古典音乐欣赏节目，唱片店更是聘请他到店举办音乐欣赏讲座。一场讲座下来，一百二三十元一张的正版唱片能卖出200多张，这在20世纪90年代中期，无疑是一个惊人的成绩。也正是凭借那几年的强势表现，奠定了苏立华国内一线爱乐圈乐评人的地位。

　　随着唱片市场的兴起，盗版也开始猖獗起来，当得知苏立华离开宝丽金的消息后，国内众多唱片公司向他伸出了橄榄枝。"说到这段时间的生活和工作经历，我要感谢广州的天艺唱片公司。"当时的天艺曾想斥巨资从国外购买引进版，对此，苏立华坚决反对："引进版既不是正版，又比盗版贵，收藏正版的不会买，图便宜的更不会买，两头不讨好，必死无疑。"

　　他向天艺提出建议：用这笔钱帮助有才华的青年音乐家出版他们人生的第一张唱片。最终天艺采纳了他的意见。"在广州的那两年，我帮不少年轻人出版了第一张唱片。"其中包括小提琴演奏家宁峰、陈响、金立，钢琴家秦川，手风琴演奏家夏罡等。此外，他还先后策划了著名音乐家黄自、歌唱家宋祖英以及多位欧洲、俄罗斯演奏家等共计20多张唱片和DVD专辑。

　　"也是在那段时间，我正式完成了从一个音乐爱好者到专业的音乐工作者的角色转变，结识了大量的音乐家，其中不乏外国音乐家朋友，他们对于我的观点都比较认可，也会在一些公开场合引用我对音乐的见解。同时，在他们身上，我也学到了很多专业的知识，也许依然无法与音乐专业的人相比，但是，作为一个爱乐人，用于欣赏音乐，那是足够了。"

唱片市场萎靡是部分唱片公司"咎由自取"

随着网络时代的到来、数字音乐的兴起，传统唱片业受到强烈冲击，陷入了持续的低迷。曾经遍布各中心城市大街小巷的音像店几乎绝迹，就连在商场超市门口摆地摊推销盗版光盘的小贩，也少有人问津，市场萎缩状况可见一斑。

很多人在分析这一现象时，普遍认为是由于大规模的盗版音乐链接，造成正版音乐收费网站少有人问津，生存艰难。对此，苏立华有着不同的看法："唱片业的萎靡，互联网只是一个诱因，根本原因在于众多唱片公司缺乏基本的自律意识，陷入了唯利是图、金钱至上的怪圈。

20 世纪 80 年代以及更早之前，唱片是对一位艺术家艺术成果的总结及肯定。如今，唱片却变成了艺术从业者的一张名片和敲门砖，唱片制作的门槛低得令人发指。

"好东西永远不会贬值，在整个唱片业'哀鸿遍野'的时候，依然有一些坚守艺术初心的唱片公司生存得很好。做艺术是需要信仰的，艺术推广追求经济效益也无可厚非，两者之间并不矛盾。我经常说：只要你对于艺术的追求达到极致，名利这些东西都是水到渠成的事情，但千万不可本末倒置。否则，就必然会被艺术抛弃，最终也将被市场抛弃。"

古典音乐欣赏，要多听、少说

《罗辑思维》开讲古典音乐欣赏，一时之间关于古典音乐欣赏标准的讨论在网上甚嚣尘上，甚至引发了不同阵营间的骂战。

"首先应该感谢《罗辑思维》打开了一扇古典音乐欣赏的大门，让更多的人关注到古典音乐，这是一件好事。对于网上的争论，我不想做过多的评价，因为每个人都有发表自己看法的权利。

"在我看来，聆听音乐如果算作一个领域，那么这个领域是没有所谓天才的，这个领域的积累与你付出的时间是成正比的。如果你真正喜欢古典音乐，你会知道这是一个窄门中的窄门，因为它需要耗费大量的精力和时间，而时间成本既无法复制，也无法快进。一首曲子，你听完就是听完了，没听完就是没听完。没有听过你就没有发言权，这是很简单的事情。

"互联网时代的到来让我们获取知识变得更加便捷，这一方面是件好事，等于无形中延长了我们的生命；但另一方面，资讯渠道的增多，也容易让我们陷入单纯追求数量以获取满足感的误区，总想表现我听过很多曲子，所以我是懂古典音乐的。其实，你并没有听懂。

"聆听音乐和学习语言的原理一样，听多了、理解了才会张口说，都是从耳朵到心里再到嘴巴的过程。就拿我自己来说，以前网络没有如今发达，也没有什么可以发表自己言论的平台，所以我会静静地听。直到如今，我仍旧保持了每天听三到四张唱片的习惯，尽管都是些老唱片了，但每次听仍旧会有新的感受。

"我经常对一些学音乐的学生说：古典音乐演奏和欣赏，都不能有投机心理，不妨让自己笨一些，踏踏实实地把耳力练好，听进心里，先输入，后输出；先消化，再评论。否则就是瞎子摸大象，令人贻笑大方了。对于古典音乐爱好者而言，我的建议是要选择专业的收听频道来学习。如果你的英语、德语没有问题，那么，柏林爱乐乐团的数字音乐厅也是一个不错的选择。"

古典音乐普及要"接地气儿"

在被问及"如何看待云南古典音乐市场"这一问题时，苏立华回答道："不光是云南市场，全国都有这样一种现象：音乐厅越建越多，音乐会越办越多，似乎在告诉人们中国的古典音乐市场正在蓬勃发展，事实真是这样吗？我看未必。且不说大量的音乐会是以赠票为前提的，就算是买票进场的观众也有很大一部分不是出于对古典音乐的热爱，而是好奇，经常是看过一两次就不会去了。只是由于中国的人口基数大，就造成了古典音乐市场繁荣的假象。

"相比培养几名专业的音乐人才，我觉得目前提高听众的艺术鉴赏能力更重要。但如何培养，这就是一门大学问。首先，你不能说教；其次，你也不能高冷。就像我们对着一座山喊：你过来！山不过来，那我们只好走过去。古典音乐的普及也是如此，就云南市场而言，并不缺乏古典音乐的欣赏基础。曾在云南家喻户晓的《阿细跳月》就是由中国民族音乐家彭修文改编的民族管弦乐曲，这说明一个道理：在保证艺术水准的前提下，艺术的表现形式是可以灵活调整的。

"云南有着丰富的地方音乐，我们应该鼓励更多的云南作曲家把它们改编成管弦乐，这样才会更加贴近云南听众的审美习惯，先从形式上获得认同感，再从内容上加以引导，这才是培养稳定欣赏群体的关键。"

写于 2016 年 12 月 12 日

● 韩磊：好歌就是好听、耐听、不悔

1994 年，当韩磊以一曲《走四方》红遍神州大地时，这个在 MV 中穿着白风衣在山坡上奔走的青年，一定不会想到日后如浪潮般的人生起伏：走穴、唱主题歌、发唱片、登上春晚舞台、进入文工团，乃至参加综艺节目……时隔 20 多年，他早已经历了一个中国歌手该经历的一切，对于韩磊来说，这一切仅仅是不断打破桎梏，找回音乐的纯真与自由的一个过程。

2015 年 1 月，韩磊的第二张个人专辑《韩唱淋漓——韩磊纪念版特辑》正式发布，专辑一套碟分四张唱片，共收录 51 首歌曲，其中包括《走四方》、电视剧《重案六组》片尾曲《风雨人生》、张艺谋导演影片《归来》主题曲《跟着你到天边》等代表作。而这距离他 1997 年发布第一张个人专辑《爱情飞蛾》已经整整过去了 18 年。

在被问及为何时隔多年才推出第二张个人专辑时，韩磊表示："一方面是为了感谢歌迷多年来对我的支持，想回馈给大家一些东西；另一方面，目前市场上我的音乐作品不论是专辑还是单曲、合辑，99% 都是盗版的，希望可以借此机会正本清源，系统地整理出一个比较完整的版本。"

因为随性低调，韩磊并不喜欢大张旗鼓地自我宣传，出道 25 年来，他从未办过一场个人演唱会。对此，韩磊的理由很简单：觉得作品还不够。这句话从一个拥有超过 1000 首音乐作品的著名歌手嘴里讲出，乍听是句戏言，但熟悉韩磊的朋友都知道，这个男人对于音乐品质的追求永远没有终点。

我熟悉"走四方"的感觉

1968 年韩磊出生在内蒙古呼和浩特市，13 岁考上中央音乐学院附中学习长号专业，之后在内蒙古交响乐团担任长号演奏手。对于长号这门乐器，韩磊的情感很复杂："正规学习了 6 年，从事这个行业长达十几年，还是很有感情的。"尽管是老师眼中的得意弟子，但韩磊坦然表示"在很长一段时间里都不喜欢吹长号"："刚开始学习的时候年纪还小，长号的分量又很重，你得老举着，很累；要想完美吹奏这个乐器，你得吃很多苦。我并不怕吃苦，只是学习的过程很迷茫，因为我知道这不是我想要的东西。"

经过一段时间痛苦的思考，1991 年韩磊决定放弃长号事业，转向流行歌曲的演唱。"20 世纪 80 年代内地流行歌曲的兴起、90 年代的迅猛发展，我都赶上了。首先是自己喜欢唱，其次是长号的表现力不如歌唱那么丰富，在情感表达上相对含蓄，于是我就这么顺理成章地改行了。"韩磊的"弃号从歌"让他的长号老师深感惋惜，"当时他认为我是误入歧途、不务正业"。同年，韩磊参加了新人新歌演唱会，豪迈不羁的歌唱风格得到了观众的认可，3 年后《走四方》的成功则彻底奠定了韩磊在内地流行乐坛的地位。

当时很多乐评人都非常惊讶：一个 20 岁出头的年轻人为何能把这

首需要人生积淀的歌曲演绎得如此到位？"这首歌对我而言，与我的生活有联系，有真实感，在情感代入上并不陌生。"的确，对于13岁就离开家乡的韩磊来说，的确不必刻意去寻找一种出门人的心情，"那时的我第一次背着包去广东录这首歌，为了寻找唱歌的状态，还多待了一个星期。当时有很多时间可以独处，我就站在街上看来来往往的人流。一个陌生的地方，对于一个年轻人来说，有太多的新鲜感，也令我重新认识了自己，所以有很多感触。

"一路走，一路望，一路黄昏依然，那种心情我是有的。在酝酿演唱的情绪时，我在想自己的故乡，也在思考自己未来的路：这次录音对我而言是一个重要的机会，能不能将它变成自己歌唱事业的开始？结果，我很幸运，命运给了我这次机会，我牢牢地把握住了。"

15小时，两瓶红酒"等"出的大成之作

在韩磊的第一张专辑《爱情飞蛾》里，你听得到低吟浅唱的柔情，也能感受到豪迈大气的阳刚，唯一的共同点就是这些歌曲都没有太多意识形态的痕迹。在当时的乐坛看来，韩磊是一个充满了多种可能性的流行歌手。专辑一经推出，市场反响火爆，很多人都认为韩磊会趁热打铁，再推出几张专辑，他却对身边的朋友说："至少五年之内我不会再出专辑了。"

事实证明：韩磊"超额"实现了自己的承诺，尽管已经成为中国内地流行乐坛的一个符号式人物，但他坚持认为"影视剧歌曲和自己一直追求的音乐其实并不一样。音乐追求的是好听，这个标准听起来容易，实现起来则很难。在我看来，好歌首先是好听，其次要耐听，最关键是不悔，要经得住时间的打磨，经得住几代人的审美。写好歌、

唱好歌都需要感觉，感觉不到就得等"。

似乎是为了"印证"韩磊的说法，1997年、1998年的内地流行乐团在经过了几年的"高热"之后出现了整体下滑的"颓势"，韩磊也进入了一个"低潮期"："那段时间的演出活动少之又少，录音也是一直在重复自己，一切总是不尽如人意，谈恋爱也没有结果，总之就是一个词：纠结。"

尽管纠结，但韩磊并不觉得那是一段"灰色"的时光："我觉得这只不过是一个阶段，我的预感告诉我：该来的总会来。我跟好朋友张宏光（作曲家）说：别急，咱俩现在每天只需要做一件事——尽情地玩……"直到2001年，韩磊遇到了被他自己称为"大成之作"的那首《向天再借500年》。

"当时接到宏光电话的时候，我正在大连演出。电话里他很激动地跟我说：这事挺大，你必须回来。"韩磊于是推掉了原来的计划，当天中午便飞回了北京。"进棚后，听完一遍音乐，我就知道：能大成的作品来了！但当时的我很疲惫，状态不佳，我就说：先等等！"

这一等就是三小时，录音团队开始沉不住气了，韩磊对张宏光说："你要是相信我，就继续等！"这一等就到了午夜12点，整个团队都开始慌了。"当时自己还不能离开录音棚，唯恐灵感稍纵即逝。我就让他们出去给我买来一瓶红酒。"喝完酒已经是凌晨2点多了，张宏光也坐不住了，过来悄悄问了一句："你到底有谱没谱？""当时我回答：还欠点，再去买一瓶酒吧！"

第二瓶酒快见底的时候，天已经快亮了，整个团队已经决定离开录音棚了，这时候，韩磊等待的"灵感"终于来了，已经微醺的他对大家说："你们可以离开，但我一定要进棚录一次，之后你们爱用谁用谁。"进棚后，他对录音师说："请进来给我按下play键，然后所有人离开，整个录音棚就留我一个人。"

录完之后，他对在外苦等的录音团队说："你们可以去喝庆功酒了，我累了，先回去睡觉。"说罢扬长而去，一脸蒙的录音团队进棚一听录音，举座皆惊，无不倾倒！至此，距离韩磊进棚已经过去了整整15小时。

录音可以重复，生活不允许重复

2013年，韩磊受邀参加芒果台《我是歌手》第二季的录制，这个举动在不少人看来并不算"明智"：过去多演唱豪迈大气歌曲的韩磊能适应《我是歌手》花样百出的舞台要求吗？结果，这个已步入不惑之年的男人再次用"72变"的演唱风格征服了现场及电视机前的观众，一举拿下总冠军的同时，他还获得了一个新的称号：萌叔。

"录音可以重复，但生活不允许重复，音乐更不允许重复，因此我希望每天都有新鲜感。"

圈内的好友都知道，韩磊在进棚录歌前几乎是不会预先做功课的，98%以上的歌曲都是进棚之后现听、现学，在学的过程中就把这首歌录完了。

"因为都是现场创作，特别是遇到重大历史题材的主题曲时，我会更加谨慎，全身心地投入其中，心很累，录完之后就不愿意再唱了，甚至连听都不想再听了。我不轻易唱歌，因为歌需要用生命去唱。"

借用韩磊的好友兼酒友、作曲家那日森的一句评价：他这个人首先是倔强，其次是细腻。可以想见，能把这两个南辕北辙的性格集于一身的韩磊该是多么的"拧巴"："写歌是一件极其认真的事情，要把自己不断地掏空，不是为了交差，而是要带着爱、带着美好去创作。"张宏光曾说过："能留下的、总能让人回味的就是好东西。甭管哪年的歌，只要让人一听，就热血沸腾，就是好歌。如果没有这种挥之不去的纯真与纯粹，我就真不知道音乐究竟是什么了。"

而听到这里，笔者也终于明白了，为什么有的歌曲如流星一般一闪即逝，而韩磊的很多作品存世多年却总能给人一种刚刚"开始"、刚刚"走红"的感觉。

铁汉也有柔情时

家庭中的韩磊是典型的"慈祥的父亲"。韩磊 2007 年与妻子其其格结婚，他们有两个可爱的孩子，儿女双全，一家四口其乐融融。

韩磊与妻子相差 16 岁，问他平时是否会让着她，他说："让着她是会的，也应该。"同时也强调，谦让在夫妻间是彼此的。

因为工作的关系，他陪家人和孩子的时间很少。平均每个月在孩子身边的时间可能只有几天，一开始每次他离开家孩子都会哭，现在他们已经学会了坚强，现在孩子们看到爸爸穿衣服就会说"爸爸再见"。"我也很无奈！"他手一摊，一脸深情地说，"但这就是选择，我选择了这样的工作就表示我不可能朝九晚五，每天都能有时间陪孩子。"不过，他正在努力调整这种状态，希望能给孩子们留下点话题，"不能白忙活，等到 20 年以后，我 60 多岁了，孩子们回忆起爸爸只是很忙，但不知道忙什么，什么也没留下。"

也许你习惯的是那个铁骨铮铮的韩磊，是那个充满沧桑厚重感的韩磊，但在笔者看来，一个男人硬朗、阳刚到极致便是柔情，所以我们才能从韩磊的歌声里听出一往无前的勇猛坚定，听出一个成熟男人的阅尽沧桑，听出属于生命的蓬勃力量。

写于 2016 年 12 月 24 日

● 戴中晖：蓬勃的中国音乐市场需要"高精度"的自省

近年来，随着物质生活水平的提高，人们的精神需求也向更高层次迈进，这就给以交响乐为代表的高雅音乐的深入发展带来了新的契机。大量的地方乐团不断涌现，很多城市也拥有了自己的剧院和演奏厅，越来越多的人开始习惯用欣赏一场交响乐的方式来迎接新年……总之，中国高雅音乐市场看上去一片蓬勃发展的繁荣景象。

但是，从专业的角度讲，无论是中国的高雅音乐还是流行音乐，在质量和水准上与国际相比还存在着一定的差距，在质量和细节上还有着很大的提升空间，我希望业内在喧嚣之余，可以静下心来好好思考一下如何用更高的标准来提升中国音乐市场的整体质量，唯有如此，才能真正提升国民的欣赏水平，才能真正通过音乐艺术的发展来带动人文和社会的发展。

戴中晖，一个笼罩了无数光环的名字：中国小号第一人、中国铜管乐的世界名片、指挥家、教育家……舞台上的他激情四射，将小号的音色魅力发挥得淋漓尽致；舞台下的他没有半点"大艺术家"的架子，亲切谦和、温润如玉；作为一名艺术家，他不容许自己的思想有哪怕一刻的原地踏步；作为一名教育家，他早已桃李满天下，高徒遍布中国各大一线交响乐团，斩获国内、国际大奖无数……对于自己过去的"辉煌"，戴中晖不想多谈，作为一个"在音乐上看得比较远"的人，他对于中国音乐的现状和未来始终保持着一份冷静和期许。

一把二胡开启的艺术之路

"我并不是出生在一个艺术家庭，父母从事的工作也与艺术无关，我的家人最多算是艺术爱好者。"在戴中晖 7 岁的时候，身为工程师的父亲被单位送去太湖疗养，一年后，爱好音乐的父亲带回了一把二胡。"他在那里专门学习了一年，拉得还不错，回来后我就缠着父亲要学二胡。"也许是与生俱来的一种天赋，只学了一个多月戴中晖二胡已经拉得比父亲还好了。"除了二胡，我还学了吹笛子，吹得也算有模有样。"凭着这些小才艺，戴中晖顺利入选小学的文艺宣传队，"当时老师看我长得人高马大，就让我试着吹小号，结果只吹了一个月零三天，我就跟着乐队上台演出了。"

"当时吹奏的曲子是《歌唱祖国》，由于基本功不过关加上紧张，我越吹越快，把整个乐队的节奏都带乱了，一个高年级的同学就踹了我一脚。我的自尊心很强，暗暗对自己说：你将来一定要比他们吹得都要强！"自那以后，戴中晖每天 5 点起床，到与家只隔着一条马路的学校里练小号，夏练三伏，吹得全身都被汗水湿透；冬天的沈阳奇冷无比，号管被生生冻在嘴上，嘴角经常被撕扯得鲜血淋漓。凭着这股不服输的劲头，戴中晖的小号演奏水平稳步提升，就连以往来家里抱怨被小号吵得睡不着的邻居都习惯了听着号声才能入眠。

"进入中学后，我先后跟随沈阳歌舞团的朱老师和辽宁歌舞剧院的首席小号黄茂林老师学习，特别是黄老师在音乐上对我的启发非常大，那时候看他在舞台上演出，就觉得歌剧、舞剧都好美，也坚定了将来要从事音乐的信念。"

命运青睐努力的人

1976年，戴中晖作为最后一批下乡知识青年来到农村，在劳动之余仍然坚持小号的练习，最终以优异的成绩考入沈阳音乐学院，后又留校任教。1986年，戴中晖被学校选送赴美留学，也揭开了自己艺术生涯的全新篇章。

"先是进入了圣地亚哥国际大学学习了两年的语言和室内乐课程，其间我还联系了洛杉矶爱乐乐团的老师继续学习音乐，圣地亚哥和洛杉矶之间相距160多公里，那段时间两头跑，还要打工赚取学费，虽然很艰苦但还是咬着牙坚持了下来。"命运总是青睐努力的人，1989年，戴中晖考入加利福尼亚大学（南加州大学）音乐学院，并获得院长奖学金，师从该院教授 Rob Roy Mcgragor 和 Boyde Hood，主修小号和指挥。

作为美国西海岸最好的大学，南加州大学音乐学院的教学水准也是全美一流的，从1986年到1993年的七年时间里，戴中晖先后完成了本科、硕士阶段的学业，南加州"学以致用"的教学理念和众多名师的悉心指导，为他日后的发展打下了牢固的专业基础。由于成绩出色，1990年戴中晖出任该院 USC 交响乐团首席小号，并随乐团进入华盛顿肯尼迪艺术中心演出后，跟随波士顿交响乐团首席小号 Charles Schluter 及 Roger Voisin 学习。

一不留神成了大师班"第一"

在校学习期间，戴中晖希望自己有更多演奏的机会，从而成为一个独奏家。因此，他没有选择继续进修博士，而是选择进入"培养独奏家的摇篮"的"艺术家文凭"（Artist Diploma）大师班学习。可当他向南加州大师班委员会主席提出申请时，却遭到了婉拒，"因为他认为小号这种铜管乐器没有那么多独奏曲目"。在戴中晖的坚持下，最终对方初步同意了他的申请，但要求他必须准备一盒个人演奏的录像带交由评委会集体审定，再决定是否同意他进入大师班。

尽管从申请到考核的过程十分严苛，戴中晖还是凭借着自己的实力征服了几位委员会的教授。1993 年，经南加利福尼亚大学音乐学院院长 Douglas Lowry 及指挥家 Daniel Lewis 的推荐，戴中晖成为大师班历史上第一位管乐学员，后师从于世界著名小号演奏家 Thomas Stevens。

在这个时期，他曾任美国 Santa Monica 交响乐团、Guild 歌剧院乐团、美国 Riverside 交响乐团、Ventura 交响乐团的首席小号。演出经验的丰富和乐理知识的深厚使得戴中晖在音乐道路上越走越远、越走越顺。20 世纪 90 年代以来，他活跃在国内外的音乐舞台上并多次举办个人独奏音乐会。曾与美国著名的坦格伍德音乐中心（Tanglwood Music Center）交响乐团、洛杉矶音乐节乐团及 Grand Teton 音乐节乐团合作，演奏了不同时期、不同风格的大量音乐作品。1992 年戴中晖被特邀参加匹兹堡第二届国际音乐节担任首席小号。

凭一己之力撑起中国铜管乐的脊梁

1994 年，戴中晖应邀回国参加"全国音乐艺术院校小号演奏与教学研讨会"，他在中央音乐学院演奏厅举办的音乐会座无虚席，连过道上都站满了听众。一位军乐团的军级老教官在听到戴中晖的小号演奏时，更是激动地流下了眼泪。音乐会后，当时担任中央音乐学院管弦系主任的柏林教授评价道："在我国的小号领域，目前还没有人赶得上他。"对于戴中晖的到来，柏林也颇为感慨："虽然他在国外学有所成，但毕竟还是个学生，不仅自理往返旅费，还要自己掏腰包赞助此次研讨会，我实在于心不忍！"

而谈及当时的"盛况"，戴中晖自己也印象深刻："说实话，那时候中国的小号水平非常落后，不但极度缺乏书籍、音响等最新的国际资料，就连吹奏手法都十分陈旧。自己还特意采购了很多材料带回国内。

"研讨会结束后我返回美国，可脑海里还经常浮现出那些听课的年轻人充满求知欲的面孔，他们是那么迫切地想要接触、了解国外先进的音乐理念，特别是管乐方面的。自己是中国人，了解中国的教学习惯，语言上也没有障碍，为什么不能为国内的铜管乐发展多做些事情？"念及于此，戴中晖第一次有了回国发展的念头。

1996 年，经中国国家交响乐团（原中央乐团）的邀请，戴中晖回国做了乐团的首席。回国后戴中晖受到乐团的特别重视，并解决了他与家人在北京的户口问题。团里的重视和关心让戴中晖认为自己有责任为中国国家交响乐团做出更大的贡献。这样，戴中晖在乐团一待就是 10 年。作为最早一批有留学背景的专业人才，戴中晖发现团里交响乐，特别是管乐这部分，从声音和音响等各方面跟国外的差距还是很大的。于是，戴中晖成了管乐的指导，每天所有的交响音乐会他都会先来排练，给大家调整音响和音准。

在国内工作期间，戴中晖常随团到奥地利、德国、英国、西班牙和葡萄牙演出，所到之处都得到了业内人士一致的赞誉，这不得不说是中国交响乐界的一大骄傲。2000年在日本演出后，他被誉为"中国音乐的顶梁柱"，并接受了独家专访。日本桐朋音乐学院从法国回来的教授就说："戴中晖演奏与不演奏，乐队的音色是不一样的！"

桃李不言，下自成蹊

除了著名小号演奏家之外，戴中晖还有一个身份：著名小号教育家。回国20余年来，他的学生遍布全国各地，其中很多人都进入了北京爱乐、中国国家交响乐团、中国爱乐等国内一线乐团，还有不少人远赴海外发展，也是成绩斐然。值得一提的是，戴中晖的三名"小弟子"——柴琳、仲阳和陈嘉伟更是先后夺得第37届、第39届、第40届国际小号协会（ITG）比赛少年组（14岁以下）独奏第一名，成就了中国音乐教育的一段佳话。

对此，戴中晖笑称："这大概就是严师出高徒吧！"生活中的戴中晖的随和可谓是有口皆碑，在课堂上的他却是一名令学生"畏惧"的"严师"。"我经常对学生们说，你们害怕我是因为你们努力还不够，怕被我听出来。音乐尤其是高雅音乐是一门非常严肃的艺术，容不得半分马虎和亵渎，既然决定投身其中，就要时刻以最高的标准要求自己，只有这样才不会被专业和市场所淘汰！"

比起学生们的普遍成才，女儿戴韩安妮更是戴中晖的骄傲。戴中晖的夫人韩洁是著名的女高音歌唱家，可以说戴韩安妮是听着贝多芬、莫扎特长大的，但她希望自己将来能走流行音乐的道路。从事古典音乐的父母面对希望从事流行音乐的孩子，戴中晖夫妇抱着十分包容的态度。"她妈妈主要教授她很多演唱上的技巧，而我则负责指导她如何处理音乐细节。只要她真心热爱流行音乐，并愿意坚持下去，我们百分百支持。"正是这样的教育方式养成了安妮尊重音乐、尊重时代的观念，不骄不躁地面对自己小小年纪所取得的丰硕成果。

如今，还在读高二的戴韩安妮已经是业内小有名气的音乐人，年仅15岁的她已经举办过多场个人演唱会，其专业的舞台表现和沉静谦和的为人更是受到了众多前辈的肯定和赞誉。目前，她同时进修钢琴、小号、声乐、作曲四门专业，周一到周五全被繁重的课业和演出填满，难得的周末时光也从不虚度，一回到家就把自己关在屋子里练琴。古语说"桃李不言，下自成蹊"，正是戴中晖的言传身教才在润物细无声中造就了如此出色的女儿。

未来希望帮助更多的乐团提升

在谈及下阶段的计划时，戴中晖说道："一方面还是会以演出讲学为主，4月要去西班牙大师班铜管音乐节担任教学专家，在演奏方面还是要保持一种不断前行的状态，这样才能保持艺术鲜活的生命力；另一方面自己也想在指挥领域继续钻研下去，早在1998年时自己就想回美国完成一个指挥专业的博士学业，奈何国内工作太过繁忙就被搁置了下来。经过近30年的演出，自己在对音乐细节、对乐队管理方面也积累了丰富的经验，希望可以帮助更多的国内乐团实现提升。"

"目前中国的音乐市场可以用蓬勃发展来形容，但是还缺乏'高精尖'的东西，毕竟音乐不能只图一个热闹，还是要向真正的艺术方向去努力，在这个过程中，我愿意贡献自己的一点微薄之力。"

写于 2017 年 1 月 24 日

● 钟维：做最好的自己，你会拥有整个世界

　　她是集才华与美貌于一身的世界华埠公主，她是热爱公益的世界旅游大使，她是优雅的维多利亚国际形体仪态教练，她是让美国传奇声乐教练 Seth Riggs 惊叹的灵魂歌者。虽然载誉无数，她依然觉得自己并不是一个女强人。在她看来，吸引别人的不应该是标签、品牌或是头衔，而是温暖的眼神、真诚的微笑、细心的聆听与和蔼的态度。她是钟维，一个聪明的漂亮女人。

　　笔者曾经向钟维请教过一个问题：怎样才算是一个优雅的女人？"Love receives love。"她回答道，"温柔有力量，包容又智慧，这是属于女人的一种温柔而又无坚不摧的力量。"她就是凭借这种力量从一名普通的客家女孩成长为光芒万丈的国际表演艺术家。

音乐对我来说是一种与生俱来的天赋

　　"我从小就对音乐敏感，过耳不忘，听几遍就会唱。6 岁的时候，家人带我去参加一个盛大的聚会，我现场演唱了一首《歌声与微笑》，

出乎预料地大受欢迎，也让家人发现了我在唱歌上的天赋。姨娘引荐我去音乐教育家廖有忠老师那里学习声乐，廖老师听了我唱歌以后鼓励我长大以后一定要上音乐学院。为了实现自己的音乐梦想，我开始发奋读书。初中的时候担任了三年的军乐队指挥，算是完成了对于音乐曲目及风格的第一次积累。

"在学校的一次文艺晚会上，我组织成立了一个女子组合，表演了一段自编的舞蹈《流浪的小孩》，表现的是一个女孩在国外求学，遇到种种挫折和困难也不放弃自己梦想的故事，结果非常轰动，正是一次次地挑战自我，让我坚定地迈上了艺术道路。"

2001 年一次偶然的机会，钟维参演了大型山歌剧《龙凤店风情》，扮演旅游局局长角色。之前没有任何舞台经验的她，凭着一股天生的灵气和对于演唱技巧细致入微的把控，受到了业界的关注。2002 年 6 月，钟维被广州南方歌舞团选中，成为一名职业歌手。从此，她仿佛一枚被掸去灰尘的钻石，熠熠生辉：从广州城市大使到全国青年歌手大奖赛通俗唱法银奖，从征服香港红磡体育馆的女子组合主唱到海南亚洲博鳌论坛的演唱嘉宾，从百老汇音乐剧里的唐朝公主到令美国人惊叹的拉斯维加斯女神……钟维的每一次进步看似毫不费力，而背后的艰辛只有她自己才能体会。终于有一天，美国传奇声乐教练、天王迈克尔·杰克逊的老师 Seth Riggs 注意到了她。

"有一次在洛杉矶演出，Seth 老师也在台下看我表演，演出谢幕以后，他对我这个穿着旗袍的中国女孩留下了深刻的印象。他走过来对我说：'你唱得非常棒！当你站在舞台上那一刻，观众们就已经被你吸引住了！'他建议我可以尝试往电影圈发展，这样也许能够最大限度地发挥我的潜力。"最终，钟维被爱才心切的 Seth Riggs 收为弟子，前往瑞典传承 SLS 唱法。

音乐是灵魂与灵魂之间的交流

"SLS 严格意义上来说应该不是一种独立的唱法，而是一种练声体系。这种练声体系的核心是关闭唱法。它跟传统的那种抽象的声乐教学方式不同，Seth 老师也是因为不满声乐教学中的抽象性才创立了SLS。但目的是一样的：声区之间衔接统一、音域宽广、混声声区的开拓，以及换声痕迹的消除。SLS 全名 speech level singing，翻译过来是像说话一样唱歌，意思就是要你用放松的、自然的方式歌唱。

"Seth 老师的课程一点也不抽象，理解起来相对容易。他对学生相当有耐心，把我们当作自己的孩子，也常和我们讲述自己的经历，没有大师的架子，非常具有人格魅力，不管是在专业学习还是在为人处世方面，都能让人受益良多。"

在被问及该如何正确理解音乐时，钟维毫不犹豫地回答："对待音乐必须真诚。只有真诚的音乐才有打动人心的力量。对于我而言，我会把人生中不可能实现的、无法用语言表达的情感都融入歌曲里，这是一种只可意会不可言传的东西。当然，对于观众而言，音乐是用来欣赏的，而不是用来研究的，每个人对于歌曲都会有自己的理解，也许会有偏差，但只要触到了你心底最柔软的部分就成功了。所以，在我看来，音乐就是为人类精神服务的，也是我灵魂的寄托。"

如今的钟维正忙着中美文化艺术游学。"我希望可以帮助更多爱好音乐的年轻人来到美国，受到名师的指点，了解美国的流行音乐和艺术，同时带他们来一次深度的美国音乐文化之旅，听听席琳·迪翁、布兰妮、迈克尔·杰克逊、披头士，逛逛洛杉矶好莱坞电影基地，感受纽约百老汇的艺术氛围。"

做最好的自己，并享受做自己

　　钟维身上的很多"标签"都与美有着密切的关系。在谈到她心中对于"美"的定义时，钟维笑着说："美是没有固定标准的，但一定是内外兼修的：健康的形体、姣好的容颜、优雅的举止、得体的谈吐、得体的着装，这是第一眼看到的美；文化的修养、良好的气质、善良的心灵、独立的人格、爱国的情怀，这是需要用时间去感受的美。没有了内在的支撑，你的美是经不起岁月的考验的，所谓岁月从不败美人，说的就是这个道理。"

　　而谈到时下流行又备受争议的"选美"时，钟维表示："我并不赞同单纯为了追求比赛成绩而去选美，正如我刚才所说，美是没有固定标准的，我们之所以参加选美比赛是为了向更好的人学习，给自己一个提升进步的机会。如果我可以用自己十几年来所学到的东西帮助别的女孩成长为一个有魅力的女人，也是我的荣幸和乐趣所在。"

　　说到兴起处，形体教练出身的钟维还向笔者演示了如何优雅地站立："当你坐下的时候，你的腿会自然而然翘起来，站起来之前你必须先让两腿持平，然后双手支撑缓缓站立。挺胸，收腹，头顶与灯持同一水平线，双臂自然下垂或在体前交叉。双脚尽量不要持平，可以尝试左脚在前，两脚向外打开，右脚的脚心紧贴着左脚的后跟，双腿绷直。"

　　她的一位学生这样说道："钟维身上有一种神奇的魔力，她的一个拥抱、一个眼神，就能触及他人内心深处最柔软的地方，她让我得以敞开心扉，全然接纳自己，爱自己、爱他人，心存感恩。"

　　"我所教授的一切，都只是为了让我的学生明白：世界是自己的，与他人毫无关系。只要你坚信自己是对的，就别着急得到外界的回应与认可。"这个和煦如春风的女子，也有一副恰到好处的独立风骨。

生活中我是一个小女人

工作中的钟维喜欢保持忙碌的状态，她时刻提醒自己不要放松学习和进步，头脑要一刻不停地运转，忙碌的日子让她感到快乐。她也会将这种"忙碌感"带到工作之外的生活中：健身、学英语、逛街、做义工、去教会，周末还会在家里煲一锅广东靓汤，约几个朋友前来品尝。"在生活中，我是一个悠闲的小女人，但悠闲绝不等同于无所事事，把每天的时间填满，是为了更好地品味生活。"

谈到未来时，钟维希望可以成为下一个鸟叔，拍几部电影，开拓更多的游学项目，总之要时刻保持对世界的新鲜感和对自己未来的憧憬。"只有当你能做最好的自己的时候，你才能拥有整个世界。"

写于 2017 年 8 月 10 日

● 陈雷激：琴弦上的行者

2008 年 8 月 8 日，在万众瞩目的北京奥运会开幕式上，伴随着陈雷激那一指拨弦的厚重，轻灵清越的古琴声让全世界都安静了下来。在之后的近十年时间里，古琴这一流传了几千年的冷门乐器迎来了前所未有的鼎盛时期，古琴学习蔚然成风，各地学习班层出不穷，在民乐乐器考级的品目中，古琴考级也大有赶超其他民乐之势。而陈雷激也毫无争议地成了这个时代古琴界最有影响力的人物之一。

平心而论，以"奥运琴师"称呼陈雷激实在有些不公，因为早在奥运会之前，他便已经在古琴界崭露头角。对于这个称号，陈雷激本人并不排斥："的确是因为古琴在奥运会开幕式上的亮相，带动了国内古琴行业的发展，这是客观事实。在我看来，无论大家是通过对古琴的深入了解而喜欢上它，还是因为奥运或媒体的传播才对古琴感兴趣，这些都不重要，重要的是古琴本身受到了关注。"

时隔九年，谈到如今国内古琴行业的发展现状时，一直致力于古琴艺术推广的陈雷激十分冷静："虽然近几年古琴学习有升温的趋势，还兴起了一股古琴收藏的热潮，但对于普罗大众而言，古琴还远远谈不上普及。就古琴的专业培训市场而言，也存在一哄而上、良莠不齐的现象。"

宁愿跪搓衣板，也坚决不学琴

"我学古琴完全是被逼的。"在回忆自己的学琴经历时，陈雷激笑着说，"我小时候非常调皮，经常玩不到天黑绝不回家，父母想让我学一门乐器定定性。那会儿住的房子特别小，摆不下钢琴，考虑到父母和古琴大师龚一先生关系不错，于是决定让我学古琴。"

对于父母的安排，年幼的陈雷激反抗得十分激烈："我的性格属于外向型的，抚琴则需平和的心境，能静下心来，所以古琴根本吸引不了我。家里人对我说：你不学琴，就去跪搓衣板！我说跪就跪，反正我不学！总之，我的古琴学习是在这种'大棒'政策下开始的。我父亲在电影乐团工作，就是专门给电影配乐的，所以我从小就对电影感兴趣，当初一度想报考北京电影学院。后来想想龚老师对我这么好，实在不好意思辜负他，就这么坚持下来了。"

1979年，全国弹古琴者不足百人，上海音乐学院附中首次招收古琴专业学生，刚满12岁的陈雷激成了整个专业的一根"独苗"，也是"文革"后中国第一位古琴专业学生。"那个时候学校录取我的唯一条件是：我得在古琴学习的道路上坚持走下去，不准改行。"

谈及龚一大师这位恩师，陈雷激充满了感激之情："恩师给我打下了非常坚实的古琴基础，他还特意为我编写了古琴练习曲，加强我对五线谱的理解和训练，这使得我现在可以从容地用古琴与西方乐器合作。从9岁学琴到大学毕业，我能得到龚老师这样的古琴大师的悉心指点，真的感到非常幸运。"

游学西方，发现自己的"古琴命运"

1989 年，从上海音乐学院古琴专业本科毕业后，陈雷激远赴法国，攻读了法国巴黎高等师范学院、Reims 音乐学院及 Ruerl-Malmaison 音乐学院的指挥专业，先后指挥过欧共体青年交响乐团、美国"Blue Lake"青年交响乐团等多个国际乐团。

此外，陈雷激还先后举办了近百场个人独奏音乐会，并与西方交响乐团合作了古琴协奏曲《琴韵》《静音协奏曲》等作品。其中，《梅庵琴谱——陈雷激古琴独奏专辑》荣获 2005 年法国 Charles Cros 基金会评选的"世界音乐最佳演奏唱片奖"。

学习西方音乐的经历，让陈雷激开始回头审视中国古典音乐和古琴，真正认识到古琴的内涵和魅力。"西方音乐讲求严谨，而古琴追求的是意象之美、留白之美。我也多次在国外举行古琴音乐会，尽管对古琴充满好奇，国外主流音乐圈却视其为外来音乐，觅知音只有在中国。"

因此，从 2001 年开始，陈雷激有意识地定期回国参加一些音乐进修，2003 年他考取了中央音乐学校指挥专业的研究生，2006 年毕业后进入中国音乐学院担任中国少年民族乐团的常任指挥。

"奥运第一声"录了整整一年

"2007 年，我接到了奥组委让我加入创作组的通知，当时导演组考虑到奥运'第一声'要有中国特色，那非古琴莫属。为了尽可能完美地呈现'第一声'，我们整整录制了一年的时间。我们全力以赴地投入奥运会开幕式的彩排中，过程可以说非常折腾，最后才有了让大家印象深刻的《太古遗音》。

"开幕式结束后，学校领导对我说：'你还会弹古琴啊！学校还没开设古琴专业，你来牵头做吧。'就这样，我开始了古琴教学的工作。"奥运开幕式上的惊鸿一瞥，让古琴迅速热了起来：2009 年，陈雷激受邀去深圳开了一场古琴音乐会，不仅门票瞬间售罄，组织这场音乐会的琴行更是一下子卖掉 200 多张琴，当地的报纸惊呼深圳出现了"琴流感"！

之后，为了挑战自己，陈雷激开始了为期十天的全国巡演，在南京、上海、广州、香港、厦门、深圳六场演出中，他分别尝试与不同乐团、以不同的组合形式进行合作，六场均是商演，市场反响强烈，听众好评如潮。虽然取得了成功，但过后陈雷激问了自己一个问题：你喜欢这种"舞台感觉"吗？最终答案是否定的："掌声和鲜花的确诱人，但如果是以这种重复性的表演为前提，我兴趣不大。"

人生的特定阶段要做一些对自己有意义的事情

"2006 年，一次偶然的机会我结识了步长集团总裁赵涛先生，交谈中赵先生得知我会弹奏古琴，便把他从拍卖会上拍得的宋代第一官琴——'復古殿'取出来给我赏玩。大家都是爱琴之人，因此结缘。北京奥运会开幕式之后，赵先生找到我，提出想用'復古殿'录制一张专辑，我也想为这把千年名琴留下点东西，双方一拍即合。

"2009 年年初，正值录制《復古殿》专辑期间，我邀请同班同学、二胡演奏家高韶青来到录音棚。二胡、古琴再加上排箫名家杜聪的加盟，三种乐器的巧妙结合促成了《二泉映月》三重奏的诞生，这首曲子也被收录进《復古殿》专辑。

"这是一张有着深厚文化底蕴和历史内涵的专辑。通过这件事，我和赵涛先生成了非常好的朋友。世界巡演时，我将琴随身携带，因此，'復古殿'跟着我去了不少地方。考虑到这把古琴太过珍贵，所以目前只有在国内演出时我才会使用它。"

如今，陈雷激希望将古琴文化传递给更多真正喜欢古琴的后辈。针对行业发展不健全、琴馆鱼龙混杂的现象，也为了方便爱好古琴的人们能够有一个良好的、系统的学习过程。陈雷激特地创作了一些练习曲，他还亲自指导古琴教师的资格培训，通过的学员都会被授予中国音乐学院授权证书，然后才有资质去培训其他古琴爱好者。

"音乐学院的录取名额毕竟有限，很多热爱古琴的人本身也不具备报考条件，为了方便更多的学琴者，今年10月伊始，我会在北京和杭州两地做一个为期一年的教学计划。因为我住在北京，所以北京的授课是每两周一次，杭州是每个月集中四天进行培训。"

"古琴的学习没有什么诀窍，如果有，就两字：勤练！'三日不练，手也生'说的就是这个道理。另外，我经常给学生强调弹琴一定要唱，会唱也就会弹了，我建议大家用简谱的固定音高记谱。"

音乐之外的陈雷激是一位运动达人，游泳、高尔夫、帆船，样样精通。在谈及自己钟爱的古琴艺术时，他说："古琴是中国古代地位最崇高的乐器，位列'琴棋书画'之首，所以更加需要深刻感悟。希望可以让更多的朋友认识、了解、喜欢古琴艺术，让这门传统的国粹代代传承，发扬光大！"

写于 2017 年 8 月 19 日

元杰：高雅音乐普及讲究"浅入深出"

钢琴圈永远不缺乏天才，特别是在当下这个信息爆炸的时代，众多崭露头角的青年钢琴家走进了我们的视野，用自己的个人魅力缩短着高雅艺术与普罗大众之间的距离。其中，这个叫元杰的年轻人无疑是很"特别"的一位：台上的他才华横溢、斩誉无数，被业内称为"新一代钢琴家中不可缺少的音乐诗人"；台下的他阳光幽默，是钢琴家中的"段子手"，是走进众人内心的音乐传播者，在阳春白雪与下里巴人间自由切换，让你在笑声中听懂巴洛克，理解李斯特。

因为交响乐爱上钢琴

尽管出生在一个热爱音乐的家庭，但当 6 岁的元杰收到父母的礼物——一架借钱买来的钢琴时，幼小的心灵是崩溃的："首先是对音乐不感兴趣，其次是当时自己非常淘气，根本坐不住，所以用各种方法逃避练琴，如装病、放学磨蹭不回家等。"这种"消极抵抗"的学琴状态一直持续到 10 岁，直到他聆听了一场广州交响乐团的交响乐音乐会。

"我记得很清楚，当时他们演奏的是柴可夫斯基的第六交响曲《悲怆》。当整个弦乐齐奏的时候，我突然觉得心被深深地击中了，第一次感受到音乐的魅力这么大、感染力这么强。可以说我是因为交响乐爱上了古典音乐，又因为古典音乐爱上了钢琴。那个时候我就立志有一天也要演奏出那种感人、震撼的音乐。"

就这样，元杰本就出色的钢琴天赋终于得到了兴趣的"加持"，自此一发而不可收：2004 年以第一名成绩考入中央音乐学院，师从中国著名钢琴教育家杨峻教授。不久，再次以第一名的成绩考入美国茱莉亚音乐学院，获全额奖学金继续深造并顺利拿下硕士学位和演奏博士学位。

在刻苦求学的同时，他还在国际赛场上取得了一系列的辉煌成绩。如今，元杰已经在全球五大洲、近 40 个国家和地区、500 多座城市举行过个人独奏和协奏曲音乐会，现担任哈尔滨音乐学院钢琴系主任，同时也是意大利科莫湖国际钢琴学院院长等，身兼多种国内和国际头衔。

做一个有"独特性艺术"的人

多年的旅美留学生涯，对于元杰钢琴技艺的提升产生了深远的影响。"那段日子对我最大的塑造有几个方面。第一是做人。当你在茱莉亚音乐学院每天看着帕尔曼、佩拉希亚、威廉姆斯——这些享誉世界的大师，很谦和地为学生开关电梯门、与学生排队打饭的时候，你就潜移默化地学会了如何'做人'。

"第二是做艺术。很多亚洲学生都习惯被动学习。如果老师不问，基本不会去思考，仅限于把曲子上的音符完成好，然后等着老师纠正他的问题。在美国的 10 年里，我慢慢学会了如何主动去思考音乐、想象音乐、表达音乐。

"第三是自主性强。美国有很多音乐学院毕业生，毕业之后除了到各类学校任教、做职业演奏家之外，有些人组建乐队，有些人做经纪人，有些人组织公益音乐会。他们很多人走出了音乐圈，在整个艺术圈里开拓自己的事业。每天耳濡目染，也启发我对自己的事业规划有很多的思考。"

身为一名备受外界关注的青年钢琴家，元杰也免不了被拿来与同时代的郎朗、李云迪做比较。对此，他淡然回应："我认为每个艺术家都有自己的特色，就艺术而言，不需要也没办法横向比较。于我而言，压力并不来源于外界，而是对自己的要求。比如，音乐会结束后，我要是觉得还不够好，就会给自己压力，让自己在下一场音乐会发挥得更好，总之，无论是艺术上还是生活上，真实地做自己最重要。"

学会用最"新"的瓶子装最"陈"的酒

在被问及"钢琴家是否应该与大众娱乐保持距离"这个问题时，元杰表示："每个年代的审美特点，决定了这个年代的审美形式。流行音乐在这 50 年里发展迅速正是因为其适应了时代快节奏的需要。当我们生活在信息爆炸、节奏快速的年代里，还能像 120 年前那样静下心来完整欣赏一部长达三小时的莫扎特的歌剧吗？答案是否定的。但你可以接受五分钟的流行音乐，因为在这五分钟里，你听到了主题、副题、发展、转调、结尾，这些原来需要一首古典乐曲用 15 分钟讲述的东西，变'快'了。

"那么我们要不要适应这个年代？当然要。但要有原则，就是如何掌握度的问题。举个例子，我是一家百年老餐馆，我可以用一切现代的手段去做宣传，我可以用表情包、用微视频、用小广告，用所有现在的包装把你吸引过来。我甚至可以用电脑点菜。但是，当我的菜端到你面前的时候，我的这个味道和品质，与300年前的老字号传承下来的是一样的。我不会说去迎合现代人的口味，我就多放酱油或者多放辣椒。

"在这个核心问题上，我们不应随波逐流。我们变的是形式，而不是内涵。用一句话总结就是：我们要学会用最'新'的瓶子装最'陈'的酒。"

高雅音乐普及讲究"浅入深出"

元杰经常在演奏之前用轻松幽默的语言对作曲家生平和曲目进行解说，这让他赢得了"钢琴界段子手"的称谓。"在国内，还有很多来听音乐会的听众听不太懂古典音乐。如果你还是高高在上地讲古典音乐，我想听众尤其是年青一代听众接受度不会那么高。

"比如，要讲莫扎特的音乐，我会先讲莫扎特生平里的某一个故事，来彰显他这个人的风格和乐曲特点，通过这个故事让大家先进入莫扎特的时代和情境中来，接着再往下铺垫。"

在被问到"会不会担心讲得太嗨导致无法很快进入乐曲情境"时，元杰说道："自我调节和转换很重要。比如，戏剧演员上台前还是他自己，还在跟后台的人讲笑话。但他一走上台，马上就是李尔王了，这个尊贵、庄严的形象马上就要出来，然后这个悲伤的眼泪马上就得流出来。这就是艺术啊！我们也一样，不管你前一秒在做什么，只要你的手放在琴键上，你就马上要进入肖邦这支夜曲给你设定的情境中，带着大家回到 1838 年的那个夜晚。"

不要抱着功利的心态学音乐

"很多时候我们会被虚荣和利益迷惑双眼。不少家长让自己的孩子学习音乐是为了'高考能加分''出去能和朋友们吹嘘自己的孩子''让孩子成名家',其实我能理解父母的苦心和出发点,但这种做法过于追求学音乐带来的利益,而忽略了学习音乐本身的意义。我希望所有的家长在让孩子学习音乐的时候,都能抱有正确的心态:用音乐感受世界、用音乐感受美、用音乐陶冶情操、用音乐完整人生。

"我因一场交响音乐会而爱上了古典音乐。我的愿望是能用钢琴演奏,让更多人感受音乐的魅力。小时候是这个愿望,以后也是这个愿望。把人类的美好音乐,传给每一个人。不忘初心、方得始终。"

写于 2017 年 10 月 7 日

● 代博：音乐最大的意义在于唤醒

就作曲艺术而言，重要的不是你有多少美丽的花，而是假设你只有一束，你会把它摆在房间的哪个位置。创作本身是一个"节制"的过程，好的作品不是灵感的堆砌，更需要那一笔点睛。

2017 年 10 月底，代博携新作《囚徒的子宫》完成了在波兰海滨名城格但斯克的首演。这部五重奏作品的灵感来源于波兰的真实事件：2016 年，波兰因紧缩反堕胎法，导致社会矛盾激化，引发了大规模示威游行，进而迅速波及全球。除了作品本身具有的深刻现实意义外，内行的听众也许能从中捕捉到芬兰瑞典语诗人伊迪特·索德格朗的诗作《冷却的白昼》和《生命》的影子。

不可否认，这种充满了解构与重组意味的创作风格，已经成了代博的一种"标签"（尽管他本人非常抗拒"被标签化"）。在更早些时候的个人钢琴和羽管键琴独奏音乐会上，其新作《消失的风景》套曲，就其与博尔赫斯、索德格朗、卡尔维诺、老舍等的经典作品的关联性，引起了现场观众的极大兴趣与好评。

正如亚洲协会全球表演艺术总监 Rachel Copper 所言："代博有着令

人难以置信的创作才能，可以比肩任何伟大的作曲家。并且他还有继续上升的空间……他精通历史与哲学，并融汇东西方，好像能从他的音乐里听到宇宙星系。而这并不是大多数人做音乐的方式。"

对于代博而言，他"从不认为自己是天才"，或许是过去受到了太多千篇一律、过度渲染的赞誉，这使他对于"第一名""天才"一类的词语比大多数人更加敏感。他曾经和一个天主教的神父聊天，神父说："人就像一个容器，本身并不发光，而所谓的才华，是上帝投射到人身上的光，上帝给了每个人才华，但是否能让它的光芒真正闪现，则是人自身努力的结果。"

眼前的黑暗挡不住心底的光芒

一名光彩夺目的青年作曲家、钢琴家竟然是个盲人，这种普通人看来颇具励志和传奇色彩的"反差"，对于代博而言却是"有些无聊的联系"："我并不介意这个问题，只是我从来都不希望大家把过多的注意力放在这上面。"

"刚出生五个月，我就经历了人生中第一场视力手术。"先天性青光眼带来的痛苦伴随着他漫长的成长时光，每次发病时眼压升高造成对视神经和脑神经的压迫，"就像脑袋里面发生核爆炸那样的胀痛。"

因为眼睛不好，幼儿园老师担心出意外不敢放他出去玩。于是他便一个人待在教室里，悄悄爬上脚踏风琴，在键盘上敲下了老师上课教的儿歌。

6岁时，右眼几乎完全失去视力，左眼只剩下微弱的视力的代博，更加直观地展露出他在音乐上的才华：他学习音乐基础，进步神速，教他的老师建议他学钢琴，最终代博的奶奶召集起父亲的兄弟姐妹，倾举家之力买了一架钢琴，他的生命自此开始不同。

"我非常幸运，遇到了很多好老师。比如，长影乐团作曲家吴大明老师，还有我的大学导师、作曲家叶小钢教授。我9岁跟随吴老师学习，在和声、乐器法、配器、音乐史等方面都打下了坚实的基础；同时还接触到大量不同时期的音乐，从巴洛克时期到现代，使我对音乐有一种包容的态度和相对完整的认知。叶教授对我的创作灵感产生了深远的影响，让我懂得创作需要节制，好的作品不是灵感的堆砌，更需要那一笔点睛。"

出色的天赋，加之勤谨的练习，造就了代博在外人眼中的"一帆风顺"：2001年，以第一名的成绩考入中央音乐学院附中；2005年被推荐提前两年保送中央音乐学院作曲专业；2010年以第一名的成绩保送读研；2014年以第一名的成绩考取中央音乐学院作曲专业博士研究生。其乐队作品《看不见的山》获2014年贝多芬协会国际作曲比赛大奖，次年在波兰和挪威两国巡演。著名作曲家潘德列茨基先生称其为"最有才华的中国青年作曲家"。

音乐是时间的艺术

在与代博的交谈中，他的语速很慢，甚至可以用"字斟句酌"来形容，以至于笔者感觉坐在面前的不是一名作曲家，而是一个哲学家，用他自己的方式解读着音乐与艺术。

"音乐不像画，一幅画放在那儿，它是静止不动的。音乐是必须有时间流动的。那么我们是如何在音乐中感受到时间的呢？一个最直观的感受是：有时候听一首作品觉得很长，但是一看时间只有五分钟；有时候则反之。

　　"当时间有了目的性，音乐就是线性的。所谓线性是预设一个期待，然后去满足它，给它一个结论的过程。比如，贝多芬的《c小调第五交响曲》，俗称命运交响曲，就是一个从黑暗到光明的过程，中间是不能停顿下来的，这样的音乐可以说就是线性的音乐。

　　"与之对应的非线性则包含两层意思。其一意味着时间的垂直，把一天看成一天，而不是从早到晚，那么时间就在我们的意识中凝固了。其二是当下与当下的非连续性，举个例子，一个特别小的孩子哭了，你对他说不要哭，明天带你出去玩，孩子不会有反应。因为对孩子而言，明天出去玩跟我现在心情不好毫无关系，孩子只关注当下，他不一定能感受到我刚才说的线性式的期待。

　　"在我们的生活中充斥着大量的非线性现象，在人类文明漫长的发展过程中，直到西方文艺启蒙时代，经理性主义洗礼后，才有了真正意义上的音乐线性思维。对于东方文明以及欧洲早期的文明来讲，大多数人生活在一种非线性的状态里，昨天与今天、今天与明天，并没有什么太大的不同。20世纪后期，大量的艺术家开始对非线性音乐产生了兴趣，这不是因为生活节奏变慢了，恰恰相反，多重性和复合性交织的发展大潮，使得大家已经无法真正把握时代的脉搏，迷失了未来的同时又隔绝了过去。"

音乐是一种客观美

　　"音乐是一种客观美，这种客观是可以用数学加以论证的。所以作为演奏家，没有必要去刻意、改变甚至扭曲作品的客观性，以达到迎合听众的目的，但这并不意味着我们要放弃自身的主观能动性，在不违背作曲家本意的情况下，演奏家可以将自己主观性的解读发挥到最大限度。

"古典音乐有两大特点，一方面，独奏会的形式本身就具有仪式感，这种仪式感决定了听众接受的被动性；另一方面，古典音乐的表演又是互动性的，因为现场发生的所有偶然事件都是仪式组成的一部分，给予了听者作为听者的主体性。作为演奏家，只需要把自己与作品的对话演绎到极致，就是对听众最大的尊重。就像美人站在那里，大家都能看到，没有必要刻意做什么去吸引旁人的关注，这和美本身已经没有关系了。"

我接受一切形式的解读

曾有人说，听代博的音乐，可以感受到那种诗人博尔赫斯所说的，"时间永远分岔，通向无数的将来"的状态。可以让听者感觉仿佛音乐中时间和空间交汇在了一起。

也有人说，代博的作曲风格有点酷似电影中的蒙太奇，将过去和当下的镜头折叠起来，这种折叠与重组形成了音乐创作的空间感。

"我接受一切形式的解读，即使是与我的初衷相距甚远的，我也并不排斥。作为一名作曲家，我不能也无权要求听众在审美方式、音乐喜好、知识架构、意识形态等方面与自己契合。在我看来，艺术的意义在于唤醒，而不是教育。"

音乐家是有社会责任感的

"创作迷人的地方在于，它是一种追寻的过程，是在不断地发现自己，在这个过程中，你永远不会感到自己失去了某种可能性，每一天你的大脑里都能迸发出源源不断的想象力。

"同时，对于作品的不断自省与拷问，也是一名音乐家社会责任感的体现。首先，我们要能说服自己，为什么要创作这些东西？这并不是盲目地鼓吹创新，特别是基于现代主义的创新，有时候带来的结果不一定是真正符合艺术和大众审美的。同时，我们需要回答：我们的创作相对于前辈大师而言有什么存在的意义？

"其次正如我上面所讲的，和其他所有艺术形式一样，音乐最大的意义在于唤醒，通过艺术唤醒人们对于生命中那些无法察觉的、微小的事物的敏感性。"

写于 2017 年 11 月 17 日

● 朱牧：自由生于严谨

　　提到"朱牧"这个名字，高雅音乐的忠实乐迷们都不会感到陌生。这个在粉丝迷妹眼中"帅呆了"的男人似乎注定与演奏有缘。当琴声响起时，他就自动变成全场的焦点，有种让人移不开目光的魔力。

　　作为一名演奏家，他总是能够瞬间将听众的注意力引到曲目本身，让你的思绪随着音符起起落落，一曲终了时，望着他脸上浮现出的温润笑容，才会明白"陌上人如玉，公子世无双"的含义。

　　朱牧出生在一个音乐世家，母亲曾就读于中央音乐学院附中的大提琴专业，在母亲的熏陶下，5岁多的朱牧就对大提琴这个"庞然大物"的西洋乐器产生了兴趣。"小时候每次母亲练琴，自己都会在旁边听，就感觉这个音色太好听了。

　　"学了半年琴后，正好赶上国际著名大提琴演奏家马友友第一次来中国演出。母亲还专门带我去北京听他的演奏会，当时坐在台下真的感觉太震撼了。那是一种可以钻进内心的声音，一种极致到可以让身上毛孔全部张开的声音。我意识到原来大提琴也可以拉到这种程度，虽然年纪尚小，但这种深刻的印象已经烙印在脑子里，也成了激励自己不断努力的动力。"

在母亲的精心指导下，朱牧在大提琴上的天赋很快展现了出来：以优异的成绩完成在中央音乐学院附小、附中及管弦系本科的学习。同时，还在罗斯特洛波维奇、米沙·麦斯基和 B. Greenhouse 的大师班学习。

"在此我要特别感谢我的恩师、中央音乐学院宋涛教授，在他多年来悉心的指导下，我打下了非常坚实的专业基础，宋教授严谨的治学态度以及对音乐虔诚的精神都对我产生了深远的影响。"

2002 年，朱牧本科毕业并留校任教至今。2005 年考入德国柏林音乐学院，师从 Stephan Forck 教授；2007 年以全优的成绩圆满获得硕士学位。同年，以第一名的成绩考入德累斯顿音乐学院，师从 Wolfgang Emanuel Schmidt 教授，于 2010 年以优异的成绩获得德国音乐最高学历——演奏家（博士）学位。

在学业上表现出色的同时，朱牧也在国内外的比赛上屡获殊荣，并多次担任乐团大提琴声部首席，且随乐团在柏林爱乐大厅以及柏林音乐厅举办音乐会。先后在中国、德国、荷兰、意大利、加拿大、美国、日本、韩国等国家举办独奏与室内乐音乐会。

此外，朱牧还应邀参加了 2009 年世界华人节日乐团在国家大剧院举办的音乐会；2010 年海峡爱乐乐团在两岸举办的巡回音乐会；2010 年亚太联合交响乐团在纽约联合国总部举办的音乐会，与吕嘉、谭盾合作演出。

"多年的游学、演出经历，让我深切感受到一名演奏家只有怀有开放、谦虚的心态，才有可能体悟到音乐艺术的真谛。我接触过很多国家不同风格的音乐家，在与他们的交流中受益匪浅，而给我印象最深的当数我留学的德国。

"提到德国，大家的第一反应就是严谨甚至刻板，其实不然。德国的演奏家在严谨中还保留着相当大的自由度，严谨是要忠实地反映作曲者的创作理念，但演奏毕竟属于二次创作，也需要在其中加入演奏者个人的理解，德国人在这方面就平衡得非常好。"

2010 年学成归国后，朱牧回到母校继续任教，担任中央音乐学院大提琴副教授、中央音乐学院附中大提琴学科主任。学生眼中的朱老师是一个温文尔雅却又坚持原则的人。

"作为老师，现在教学还是我最重视的方向。与本科生相比，中学生由于世界观还没定型，加之处于叛逆期，会比较难带。但他们现在的年龄阶段正是打基础的关键时期，所以在教学方法上要严格而不严厉，因人施教，以正向鼓励为主。

"教书首先是育人，你不一定非要成为音乐巨匠、著名演奏家，但你一定要成为一个亲近艺术、心怀善意的人。帮助学生树立正确的三观和人生目标远比教他们考级、获奖更重要。

"如今经常听到如何普及古典音乐这个话题，因为一旦提到古典音乐，就感觉是曲高和寡、阳春白雪的范畴。其实在我看来，古典音乐的叫法是有待商榷的，我个人觉得叫经典音乐更合适些。因为无论是古典音乐还是更早期的音乐，抑或现代音乐，有一大批优秀的作品，都堪称经典，可以流传后世，所以这个范畴可以再大些。

"我经常会跟学生们说：学习音乐不要有门户之见，更不要把自己局限在条条框框里，古典音乐和流行音乐没有高低之分。很多乐器就是在模仿声乐的发声方式。演奏要带有歌唱性，无论是美声、民族、通俗，如果你对声乐完全不去听、不去了解，抱着排斥的心理，很难把琴拉好。

"对于听众来说，如何欣赏古典音乐也是一个非常老的话题。其实，一首曲子，你只要觉得好听，能收获感动就行了，不一定非得去琢磨其描写的是什么故事。曲式、调性、主题是下一步的事，还不是最重要的。"

日常的教学工作之余，朱牧还多次应邀担任国内重要音乐赛事评委，对于业内"青少年演奏者究竟该不该频繁参赛"的争论，他是这样看的："首先，要端正心态，如果对名次看得很重，那么不但不会起到正向的作用，还会因为心浮气躁影响自己技术的提升；其次，也不妨将比赛当作一面镜子，看看跟其他选手相比自己有哪些优势，又有哪些不足。心态的问题解决了，适当的参赛还是有好处的。"

2015 年成为父亲后，朱牧对于少儿特别是幼儿的音乐基础教育投入了更多的关注。工作之余，他还帮助保利室内乐团做声部课的指导。

"这个平台致力于打破艺术与大众之间的鸿沟，让越来越多的家庭认识到：接触艺术的孩子不是只有艺术家这条路可以走。我的女儿 3 岁多了，春节前我也开始带着她接触保利幼儿音乐启蒙的课程。她将来是否走音乐道路并不重要，但音乐美学教育是不能缺失的。"

就在几个月前，朱牧联手国内四位优秀的音乐家在长沙完成了"生命之歌——舒伯特经典作品"音乐会的演出。其中，舒伯特经典室内乐作品《鳟鱼》50 分钟完整版的亮相，引起了乐迷的热烈反响。

"此次独奏会选择的作品都是自己在德国留学期间深入学习和研究过的曲目，希望可以通过这次音乐会把自己的学习成果和感受传达给观众。"

写于 2018 年 4 月 14 日

● 陈萨：地心引力越小，可能性越多

"有两样东西对我的生命起着奇妙的作用：音乐和旅行。总是能随它们去离地面和现实有些距离的地方，穿越时间，和风漫步，与光起舞。

"若非一直停停走走，变幻地去感知，人其实又何须仅是重复已经熟知的喜怒哀乐。我们从快乐的前一秒跌进后一秒的失落，之后，再扇动双翼，向着光的方向靠近……够忙乎一阵子了。"

请原谅笔者用"璀璨的钻石"这一有些俗套的比喻来形容陈萨给笔者留下的初印象。因为在笔者看来，陈萨散发出的光芒是复合性的，犹如钻石拥有的 58 个切割面一样，从不同的角度凝望，你都能发现不一样的陈萨，每一个都是她，又都不是。

知名乐评人苏立华评价：在艺术上，陈萨是一位杰出的钢琴演奏家，有技术而不让音乐成为演奏技术的奴隶，有文化而不浮夸，有思想而不狭隘、不偏激，有坚定的艺术审美而不孤芳自赏；在生活中，陈萨是一个有亲和力、有个人魅力的可爱音乐家，真诚、自然、坦率。

作为一名曾在英国利兹、波兰肖邦和美国克莱本三大国际钢琴比赛都获过奖的中国钢琴家，陈萨在海外的名头甚是响亮。但由于之前

在国内的演出较少，加上每隔数年才发一张唱片，相较于年岁相仿的"明星"钢琴家们，陈萨显得有些"沉寂"。对此，她并不着急："我对于大红大紫没有兴趣，追随我的乐迷一定是喜欢我的音乐的。"

相比于人们心中对于钢琴家"规矩""严肃"的传统印象，陈萨的身上总是能看出一种天生的灵性和叛逆。"我其实是个喜欢追求新鲜事物的人。"想来这大概是陈萨心中最真实的独白吧。她演奏的钢琴作品风格富于变化，曲目涉及不同时期多位作曲家，且都带有自己的"萨氏"触角。除了实力的体现，也可以看出这位不同寻常的女子对音乐的那份倔强与无尽好奇心。

这份倔强和好奇在 2015 年结出了"果实"——陈萨艺术工作室成立，标志着她作为一名钢琴家真正的独立和自由，"成立自己的工作室像是互相激励的。自我能动性被很大程度地激发出来，的确有着一些让我都意想不到的效果。"

工作室成立的第一年，她选择和自己渊源最深的肖邦《43 支舞》全套玛祖卡舞曲作为现场演奏并多地巡演的起始。第二年，她任性了一把，独立出版了新专辑《德彪西 24 首前奏曲》。区别于那些有票房保证的"大部头"作品，在有些人看来，《德彪西 24 首前奏曲》就像一套明信片式的"小作品"，出这样一张专辑，从想到做，都需要些魄力。

笔者的一位好友曾有幸在北京现场聆听过陈萨演奏的《德彪西 24 首前奏曲》。他感慨："聆听陈萨的触键以及欣赏她优美的表情动作，你会发现她的演奏是那么令人陶醉，美好的笑容犹如一幅幅完美的印象画，并将之传递给观众。如果说德彪西的音乐是印象的，那么画面与光影的稍纵即逝是最难捕捉的，陈萨用她心中解读的德彪西为观众深层次地普及了德彪西的作品。"

"这套作品的音量分贝不是那么能激起人的肾上腺素，德彪西的音乐需要你进入它的世界，去感受空间、感受色彩。"在陈萨看来，听德彪西的音乐需要一个代入感，有个门槛，"进去了，你能待很久，几乎是一种冥想的状态，你需要被催眠。如果反过来，打个比方讲，你一直很着急，好像是一路堵车过来，然后坐下说你弹吧，我要听。这种心情的话，就连我自己都很难进去。"

2017 年 4 月，在德国一座由教堂改建的古老音乐厅里，陈萨完成了《德彪西 24 首前奏曲》的录制。录音地点是录音师约翰·穆勒（Johannes Müller）挑的，钢琴家布伦德尔曾在这里录过音。穆勒长期为慕尼黑爱乐乐团、新加坡交响乐团录音，陈萨和他经朋友介绍相识，一拍即合。

只用了两天时间，陈萨就完成了录音。第三天，在穆勒的建议下，她又弹了一遍，用时 1 小时 40 分。24 首前奏曲对她来说，每一首都有"技术"难点，硬的技术和软的技术都有。

陈萨出生在重庆一个普通的家庭，她至今还记得人生第一件"奢侈品"——钢琴的来之不易。"当时重庆百货大楼只有两架钢琴，但价钱贵得吓人——1973 块，家里用分期付款的方式买下来，首付的钱是爸妈卖了录音机才凑够的。"

在妈妈的努力下，陈萨得以拜名师但昭义为师。每半个月妈妈就领着闺女从重庆到成都上一次课。周六黄昏，妈妈一下班就赶到陈萨的学校，母女俩背着书包，坐火车晃荡 11 小时来到成都。上完课后再赶当天 5 点多的火车回家，一下火车就是星期一了。然后两人从火车站分头往学校和单位跑。这样的日子持续了一年多。

事实证明，父母的决定是正确的。1989 年，陈萨在全国珠江杯少儿钢琴比赛中夺得了一等奖。1996 年，17 岁的她作为年龄最小的参赛者，获得英国利兹钢琴比赛的第四名，后经钢琴大师傅聪先生推荐，获得在伦敦乔凯音乐学院跟随乔安·哈维尔学习的机会。

孤身少女，漂泊异国，这种滋味是如今事事都由家长代劳的留洋琴童们难以想象的。从靠方便面过日子，到自己做意大利面，直至娴熟烹制多国美食，陈萨像小时候学琴一样，一步步前进着。正是这些看似琐碎平庸的日常生活，让她的心得以静下来，敏锐地捕捉到音符间那些复杂多变的情绪。

生活从来不亏待真正用心的人，最终陈萨以优异的成绩拿下了演奏家硕士学位。2000 年，她参加了第 14 届于华沙举办的肖邦国际钢琴大赛，夺得第四名以及波兰舞曲最佳演奏奖；在 2005 年的美国范·克莱本钢琴大赛中斩获水晶大奖。同年，法国的蒙蒂公司全球发行了她在克莱本大赛的现场录音集锦。

2007 年，陈萨毕业于德国汉诺威音乐戏剧学院阿里·瓦迪教授的门下，获取演奏家博士学位。自此，陈萨正式走上了国际演奏家的道路：受邀与多个重要乐团合作演出，包括伦敦爱乐乐团、美国洛杉矶爱乐乐团、旧金山交响乐团、德国科隆西德广播交响乐团、法国广播交响乐团、日本 NHK 交响乐团、中国爱乐等乐团；合作的指挥家包括西蒙·拉特尔爵士、郑明勋、谢苗·毕契科夫、法比奥·路易斯、瓦西里·派切克和我国的余隆等。

她还与许多杰出的音乐家朋友保持着良好的合作关系。曾与吉顿·克莱默、娜塔莉亚·古特曼多次合作并巡演，联袂出现在诸多音乐节的舞台上，其中包括著名的德国石勒苏益格—荷尔斯泰因音乐节、鲁尔钢琴音乐节，奥地利洛肯豪斯室内音乐节以及法国普罗旺斯艾克斯音乐节。

她与荷兰的五音公司合作的 SACD 系列《肖邦钢琴协奏曲专辑》

以及《俄罗斯独奏作品集》分别于 2008 年、2009 年全球发行。《肖邦钢琴协奏曲专辑》被伦敦古典 FM 评选为当月最佳唱片，并称她的演奏是"发自灵魂深处的演绎"。

2015 年年初，陈萨的最新唱片《琴怀》由瑞典 BIS 公司全球发行，涉猎了近代的中国独奏及协奏作品。专辑问世后得到乐界高度评价，英国 BBC 音乐杂志称"这是迄今听过的最有意思、最成功的现代中国音乐专辑"。

出于对陈萨艺术成就的充分肯定，她被列入东京著名的"21 世纪百位伟大的钢琴家"系列；同时也是《留声机》杂志（中文版）创刊号的封面焦点人物。2009 年她被法国《时装》杂志评选为同年最受瞩目的十大中国艺术家之一。2010 年，在肖邦诞辰 200 年之际，波兰政府授予陈萨"肖邦艺术护照"，以褒奖她在演奏肖邦音乐方面的卓越贡献。

如今已是钢琴"中生代"的陈萨，正处在一种"较之更为舒服的状态"。她不需要再像初出茅庐的孩子一样费尽全力去博得视听大众的认可，向他们证明自己的能力，也不需要背负年迈的老者一样的必然形象，在现在这个阶段，她愿意用时间和空间去做自己想做的事情。

"我们走到这时候肯定没有小时候那么多硬性指标，衡量你发挥或演出好不好的硬性指标已经消失了，因为你已经完成了。"陈萨打了个比方，"就像你已经走到了大气层上面，你的空间更大了、可能性更多了，但你需要做出的选择也更多了，你要在这样一个抽象、散漫的空间状态里去寻找突破点，这是需要时间的。"

所以她有意控制演出频率，没演出的日子，华美礼服换成了 T 恤加运动裤。她不再保持钢琴前的正襟危坐，将严肃和激情统统放下，两腿一盘，悠闲地坐在沙发上，享受午后的阳光。或者去看看画展或者漫步森林。"我喜欢到大自然中去过滤、洁净烦冗的生活，每一次都会有所感动。"

2018—2019 音乐季，陈萨带着她的全新曲目德彪西练习曲 12 首，开启中国地区巡演，并受邀赴意大利、美国、英国等多国进行演出。

谈及下一个五年规划，陈萨无意透露太多："我会一直弹下去。一个人要经历质的飞跃需要五到十年，所以我推荐你听我 20 年后的东西！"

写于 2018 年 6 月 22 日

● 宗庸卓玛：为民族文化传承鼓与呼的"雪山金凤凰"

香格里拉——詹姆斯·希尔顿笔下的世外天堂，无数人心中的理想净土，这里有如梦如幻的普达措、有宁静悠远的依拉草原、有经幡轻飘的松赞林寺，还有神秘圣洁的美丽雪山。

但很少有人知道，就在梅里雪山脚下一个不起眼的小村子里，飞出了让香格里拉乃至整个云南都为之骄傲的"金凤凰"——宗庸卓玛。

从一个怯生生的藏族小姑娘到享誉国际的女高音歌唱家，她传奇般的经历曾激励了一代又一代心怀音乐梦想的藏族儿女；她曾五次担任青歌赛评委，对民族唱法的歌手给予极大的关爱和支持；她连续六届当选全国人大代表和全国政协委员，每一次的"两会"上都在为民族文化的传承呼吁。

用她自己的话说："雪山的女儿就应该为民族文化发展做贡献。"

梅里雪山的风教会我歌唱

"我永远都忘不了，11岁那年，白发苍苍的奶奶拄着拐杖，送我离开家乡的情景。"宗庸卓玛的家乡是位于香格里拉德钦县的羊拉乡玛吾舍，这曾是一个不通车、不通电、只有十几户人家的偏僻村庄。

在一般人眼中清苦的童年却是宗庸卓玛记忆里最美好的时光："村子里的男女老少都很喜欢我，特别是有奶奶疼爱我。"

宗庸卓玛的奶奶是当地有名的民歌高手，小卓玛继承了奶奶的音乐天赋，那些悠扬的曲调、动人的歌词便是她最忠实的"小伙伴"。

很快，能歌善舞的卓玛便被当地的县文工团选中，跟着老师们拉着马尾巴翻山越岭为乡亲们演出。四年时间，她用自己稚嫩的脚步丈量着家乡的每一寸土地，歌唱着她心中的日月山川。

1978 年，年仅 15 岁的宗庸卓玛代表云南，赴京参加全国少数民族文艺会演，一副比百灵鸟还要优美的嗓音吸引了众多业内专家的关注，其中就有我国著名声乐专家、上海音乐学院王品素教授。第二年，宗庸卓玛以优异的成绩考入上海音乐学院，顺利拜入王教授门下，也正式踏上了专业的声乐学习之路。

从小就学习音乐的笔者很难想象，一个连钢琴都没见过的藏族女孩是如何在竞争激烈的国家顶级音乐学院里站住脚的，对于这段经历，生性豁达的宗庸卓玛并不想"诉苦"，只是笑着说："只要肯吃苦、肯努力就成了。"

以出色的专业成绩从上海音乐学院毕业后，宗庸卓玛怀抱对家乡的眷恋之情，放弃留在大都市的机会，回到了彩云之南。

"歌唱者要先感动自己，才能感动别人。创作的灵感来源于生活，在高原深处、在雪山之巅、在藏民家里。"为了寻找到那些藏在灵魂深处的音符，宗庸卓玛提着录音机走家串户收集素材，在整理、记录了众多濒临失传的传统民歌的基础上，改变、创作了一大批反映藏族同胞心声的优秀作品：《故乡的哈达》《梅里雪山的女儿》《德钦情歌》《山谷的回响》……

凭借扎实的专业功底和丰沛的创作热情，宗庸卓玛多次在全国各种比赛中获得大奖：首届全国民族声乐大赛第一名，最高奖"金凤奖"；文化部颁发的"文华大奖"；全国民族会演金奖；中国藏族音乐传承特别贡献奖；全国广播歌曲一等奖；中国民歌"十大金曲奖"。其创作的歌曲也多次获奖。

文化传承需要坚定文化自信

"这次到北京参加全国政协十三届二次会议感触非常深。全国政协会议一开幕，习总书记就到文化艺术界、社会科学界看望大家，听取委员们的意见和建议，并发表了重要讲话，要求我们广大文艺工作者坚定文化自信、把握时代脉搏、聆听时代声音，坚持与时代同步伐、以人民为中心、以精品奉献人民、用明德引领风尚。深受鼓舞之余感觉肩上的责任更重了。"

作为从边疆走出的少数民族艺术家，多年来宗庸卓玛一直密切关注着少数民族地区的传统文化艺术保护与文艺人才培养。尽管党和国家不断加大相关工作力度，但具体到某些偏远地区，情况还是不容乐观。

"我回家探亲，发现村子里的孩子已经不会唱旋子（民歌）了，他们爱听爱唱的是《小苹果》。这种传统文化流失现象并不是一朝一夕形成的，解决起来也不能一蹴而就。"为此，在全国政协会议上，宗庸卓玛提交了《关于加大少数民族文艺人才培养力度的提案》，引发了与会代表的密切关注和热烈讨论。

"民族艺术人才的培养是民族文化艺术发展繁荣的基础。每一个民族的艺术文化都需要本民族的艺术家去传承、弘扬。所以我建议对少数民族艺术人才的培养，特别是对青少年艺术人才的培养教育应该有一个长期稳定、可操作、有标准的规划，这样坚持下去，未来一定会出现更多如才旦卓玛、德德玛、刀美兰一样的少数民族艺术家，中华民族大家庭的艺术之花也会更加绚烂迷人。"

除了献计献策，多年来宗庸卓玛还把对少数民族艺术文化事业的关注带到文艺下基层的工作中去。"每年，我都会多次到基层和一些贫困山区为群众演出。我发现，由于缺乏软硬件，农村公共文化服务体系建设的相对滞后，制约了民族民间文化艺术传承与发展。特别记得有一次我拿着话筒站在田埂上，没有稍平一点的场地，老百姓都坐在坑坑洼洼的场地上看演出。看着他们专注渴望的眼神，我从心底觉得偏远地区公共文化基础设施建设必须引起足够的重视。

"所以，我在'两会'上的提案就是围绕补齐深度贫困地区公共文化服务体系基础建设短板展开的。为此，我专门征求了很多朋友的意见，大家都认为许多偏远地区的乡镇村寨，都缺乏正规的文化广场和演出场地，这直接导致了当地老百姓文化生活的低质甚至是空白。因此，文化扶贫、艺术下基层，软件硬件一样都不能少。"

儿子是我最得意的作品

宗庸卓玛受人喜爱的作品有很多，而在她眼中，最得意的"作品"就是儿子扎西顿珠。在她的办公室里，墙上、柜子里、桌上，到处都是扎西顿珠的照片，母子情深，可见一斑。

阳光英俊、谦逊有礼的扎西顿珠完美地继承了母亲的艺术天赋：不仅精通钢琴、竹笛、竖笛、小号、萨克斯管、葫芦丝、巴乌等乐器，还天生一副好嗓子。

2007 年，20 岁的扎西顿珠瞒着母亲，凭着过人的才华在"好男儿"的比赛中崭露头角。不久又出了第一张个人专辑《扎西顿珠》，其中《天堂的门口》在全国新人新作原创歌曲大赛中获得了金奖。2009 年，扎西顿珠的《川藏路》，获得了全国流行歌曲创作大赛总决赛"优秀歌曲奖"。

面对儿子的成绩，宗庸卓玛在深感骄傲之余，也没有放松对儿子的要求："我一直都在给他泼冷水，我怕他在荣誉面前发烧。我要他善待歌迷，就像善待衣食父母。每个人都是平等的，只是从事的工作不同而已。年轻人要脚踏实地，不要飘飘然。生活在空气中是不会长久的。"

在母亲的言传身教下，走红后的扎西顿珠并没有走"流量鲜肉"的路子，而是像母亲一样回到家乡。受母亲的影响，扎西顿珠几乎将所有的演出精力都放在走基层、下地方，宣传云南文化上。扎西顿珠还因此被授予"香格里拉终身旅游形象大使"的称号。2018 年年初，扎西顿珠当选为政协云南省十二届委员，与母亲一样，走上了为家乡做实事的道路。

回顾自己的艺术道路，宗庸卓玛谦逊地表示自己一切的荣誉都是党和人民给予的。"只有始终坚定文化自信，坚持以人民为中心的创作导向，用心用情用功抒写人民、描绘人民、讴歌人民，我们的创作才能获得取之不尽、用之不竭的灵感源泉，才能充分发挥文艺培根铸魂、凝神聚力、引领风尚的作用。这不仅是做好本职工作的要求，更是一种责任和担当。"

写于 2019 年 4 月 15 日

● 王鲁：想把音乐的温暖分享给更多的人

　　"我经常会问自己一个问题：学习了这么多年音乐，为什么还有动力继续下去？因为在漫长的一生中，我们都会面对很多困境，诸如健康问题、生活压力、感情挫折等，我们会焦虑、会痛苦、会挣扎，在弹奏众多作曲家的作品时，我可以从中感受到相似的情绪，这会让我感觉到自己并不孤单，音乐会给予我很多的鼓励与温暖，我想把这种温暖跟更多的人分享，这既是一名演奏家的使命，也是最大的成就感所在。"

　　4 岁学琴，6 岁举办个人首场独奏音乐会，8 岁在全国青少年钢琴比赛中技惊四座，战胜包括郎朗在内的众多青少年天才演奏家，获得第一名。15 岁时，应邀与纽约交响乐团在林肯艺术中心合作演出肖邦《第一钢琴协奏曲》，并在施坦威音乐厅举行独奏音乐会。曼哈顿音乐学院学士学位、茱莉亚音乐学院钢琴艺术表演硕士学位、第一个获得美国霍金斯大学皮博迪学院艺术家博士学位的华裔、世界上最年轻的国际钢琴比赛艺术总监……外人眼中的王鲁是标准的年少成名，鲜衣怒马，风光无限。

　　而在笔者眼中，王鲁是一个相交多年的挚友，是一个非常有趣的性情中人，尽管被《人民日报》誉为中国音乐界"21世纪十大古典音乐希望之星之一"，但他更习惯称自己为一名热爱音乐的人。他热心公益，在家乡南通创办了欣宇钢琴国际艺术中心，小心翼翼地呵护着众多清寒学子的音乐梦想。最令笔者感动的是，他对于艺术与生活仍葆有一颗赤子之心，在对音乐的追求上，万里归来，仍是少年。

电子琴全国冠军促成的钢琴之路

王鲁出生在一个部队家庭：外公是参加过抗日战争和淮海战役的老红军，父母都是部队里的舞蹈演员。"后来妈妈因为腿伤不得不告别舞台，转业回到地方，现在想想，他们一定是怀揣着一个艺术梦的，特别是妈妈，让我接触音乐应该也是这种艺术情结的延伸。"但王鲁最初学习的并不是钢琴，而是电子琴。

"对于80后的童年来说，学钢琴还没有现在这么热门和普及，再加上钢琴的价格很昂贵，而买电子琴相对比较容易。我4岁半就拿到了全国电子琴少儿比赛的第一名，再加上评委老师的建议，我正式转向了钢琴学习。"

就这样，父母七拼八凑5000元"巨资"给王鲁买了架珠江牌钢琴，并四处托人，聘请了上海音乐学院附小的曾民强为家庭教师。"我是一个非常幸运的人，遇到了一位非常棒的启蒙老师。曾老师没有一上来就让我练习音阶，而是经常给我讲故事，借此激发我对钢琴的兴趣；然后就是训练我的耳朵，给我听各种音乐，并让我参加了合唱团，这一切都是为了培养我的想象力。"

王鲁也没有辜负师长们的期望，9岁时考入上海音乐学院附小，开始了专业学习音乐的道路。凭借着过人的天赋，他得到了曾谱写过《百鸟朝凤》《浏阳河》《山丹丹花开红艳艳》等著名钢琴改编曲、我国著名作曲家、时任上海音乐学院副院长王建中教授的青睐，成为其一生中唯一破例教导的"钢琴小学生"。

"王教授对于我的培养也与众不同，一般孩子就是手指练习比较多，以弹练习曲为主；而我弹巴赫的复格与对位比较多，这在当时不是主流，令我学琴不至于那么机械化，也在一定程度上为我之后出国深造做了很好的铺垫。"

"另类"的少年求学时光

13 岁时，王鲁赴美留学，与其他少年天才演奏家苦练琴艺、终日奔波于世界各地参加比赛不同的是，他几乎没有再参加过大的国际钢琴比赛，也没有一天花费 10 小时练琴，而是将更多的时间"浪费"在很多"不相干"的事情上：与身边学习电影、文学的朋友组织沙龙，参加各种哲学、宗教的讲座，或者干脆花一下午时间听街头艺人自弹自唱……每当回顾这段有些"另类"的求学时光时，王鲁也会问自己：如果当初多参加一些比赛，多拿一些奖项，会不会对现在的事业发展更有帮助呢？答案是：不知道。因为假设永远是假设。

尽管先后师从中国作曲家王建中、钢琴家吴迎、俄罗斯学派奠基人涅高兹的嫡传弟子 Nina Svetlanova 等诸多钢琴名家，但在王鲁心中，这段美利坚时光最大的收获不在于弹奏技术上的提升，而是对于思想的"改造"："所有的音乐和表演最终都要落在具体的人身上，有机会汲取更多的音乐之外的养料，对我个人的价值观的形成、塑造有很积极的影响，让我不会被单一的音乐视角所束缚，更没有所谓专业钢琴家的包袱，可以用一种更加开放的心态去学习不同领域的艺术知识。一直以来，我都不认为自己是一个特别专业的人，音乐对于我，是一种爱好，仅此而已。"

好的演奏一定是走心的

《纽约时报》曾这样评价王鲁："他的表演之成熟、优雅，完全超越了他的年龄，颇有大师风范。"《人民日报》对于他的演奏也丝毫不吝溢美之词："中国最有前景和最打动人的古典音乐家，他表演时与音符浑然一体，情感直抵听众的灵魂深处，用生命来倾诉的演奏风格使他从当今年轻的钢琴家中脱颖而出。"

"所谓演奏风格是会随着人生每个阶段而发生变化的，有意思的是，在这个变化的过程中，你的自我认知与观众的评价不一定一致。这也是艺术本身最有趣的地方，它是流动的、发展的、多元的。如果一个人对我说他的演奏风格永远不会变化，那我就会对他的艺术造诣打一个问号，因为就算是肖邦在世、巴赫重生，他们多次弹奏同一首曲子的风格也不会一模一样，如果自己给自己设限了，那么在艺术上的前进空间就有限了。

"有的人演奏风格热烈奔放，甚至癫狂；有的人演奏风格沉静内敛，甚至冷酷，他当时的状态是真实的，是走心的，就是好的演奏状态。只要你是从内心深处生发出来的真实情感，不管外界如何评价，对于舞台来说，你就是一个合格的演奏家；相反，你的舞台状态就只是流于形式，无法与观众产生共鸣，那是作为一名演奏家最大的悲哀。

"在我看来，一名好的演奏家应该像一个过滤器，尽可能纯净地还原作曲者的本意，但不可避免地会留下你个人的痕迹。很多学院派、学术派经常会说：巴赫、莫扎特、贝多芬不是这么弹的，应该是怎样怎样的。但他们所谓的正确标准何尝不是自我认定正确基础之上的二次创作？当你认为自己百分之百表达了作曲家想说的话的时候，其实只是说出了你潜意识里自己想说的话。所以，对于弹奏经典作品的演奏家而言，没有真正意义上的重现，只有最大诚意的再现。"

对于古典音乐，多媒体只是传播工具之一

当前，越来越多的钢琴家开始尝试运用多媒体技术来丰富舞台表现力，对此，古典音乐界跃跃欲试者有之，乐此不疲者有之，不屑一顾者亦有之。王鲁自己也曾经尝试过多媒体钢琴演奏会的形式，对于多媒体等跨界艺术元素的注入，他的态度是：乐见其成，保持观察。

"音乐之所以美好，是因为它是抽象艺术，可以给予每个人不同的想象空间。伟大的钢琴家与优秀的钢琴家的唯一区别是：优秀的钢琴家会告诉你，我要讲这样一个故事；而伟大的钢琴家会给你足够的空间，让你讲自己想讲的故事。多媒体技术之所以饱受诟病，是因为它把音乐具象成了可见的东西，剥夺了大家想象的空间。但反过来看，在当今中国，大家对于古典音乐接触得还不多，还没有上升到想象的层次，那么多媒体技术作为一种引导方式，可以有效拉近观众与古典音乐的距离，也不失为一种有益的尝试。只是在这中间如何把握一种平衡，需要我们这一代演奏家集体探索。"

古典音乐不应该是音乐家、富翁和权贵的专利

作为曾经与中国国家交响乐团、香港爱乐乐团等国内一线乐团合作过的演奏家，王鲁的演出足迹遍布全国各地，在他看来，目前国内

的高雅艺术演出市场"外表华丽、内里虚无":"建造了很多高大上的音乐厅,但有诚意的演出太少了。

"对于除了北上广之外的众多城市来说,这是一个必经的阶段,如同60年前的东京、100年前的纽约一样,需要有一群一流的音乐家,慢慢培养起这座城市的古典音乐氛围。我曾经在出租车上看到司机在播放古典音乐,我问他们是否会去现场听音乐会,答案是多数不会,因为票价太过昂贵。这是一个不正常的现象。如果古典音乐再不普及,这个圈子会越来越小,对于未来的钢琴家而言则是灾难性的。对于老百姓来说,他们有不喜欢古典音乐的权利,但不能被剥夺接触古典音乐的权利。所以,推动古典音乐进社区是我近几年来一直在努力的重要方向。

"毫不客气地讲,目前国内高雅音乐市场不景气,部分演奏家应负些责任。有的人一味追求经济效益,无视社会效益;有的人自命清高,不愿放下身段与观众交流。这些行为对于古典音乐的未来发展极其不利!很多观众第一次出于好奇走进音乐厅,听到低质量的演出,下次就不会再来了。所以,一名合格的演奏家应该拿出120%的精力来对待每一场演出,和观众做到心与心的交流,去普及、传播古典音乐。中国有足够多的优秀的音乐家、演奏家,中国高雅音乐市场的未来,需要大家共同努力。"

写于 2017 年 3 月 3 日

● 曹慧：做高雅音乐的传播者，音乐普及的耕耘者

在乐迷眼中，她是优雅美丽的钢琴缪斯；在学生眼中，她是亲和力十足的良师益友；在乐评家眼中，她是一位极富想象力和感染力的钢琴演奏家；而在笔者眼中，她是艺术上的偶像、生活中的姐姐。她，就是中央音乐学院管弦系副教授，硕士生导师——曹慧。

早就有提笔为这位同门"师姐"（我们曾共同拜在钢琴教育家叶俊松先生门下）写点什么的冲动，只是向来低调的曹慧几次婉拒了访谈的邀请。此次，借着她前来昆明演出的间隙，终于了却了笔者心中这个小小的执念。

从履历上看，曹慧的人生似乎走得很顺：幼年便获得中国阿诗玛钢琴大赛第二名，昆明市青少年器乐比赛第一名；1992年考入中央音乐学院附中学习；1998年作为唯一的全优生升入本科学习，在大学期间多次获得全院最高奖学金；2002年以优异成绩保送就读中央音乐学院钢琴系研究生；2005年留校任教；2007年由学院选派到意大利罗马音乐学院学习室内乐；2016年到耶鲁大学音乐学院做交换教授……但只有曹慧自己知道，机会永远钟情于有准备的人。

得遇名师，是我人生最大的幸运

曹慧出生在一个艺术家庭——父亲是业内小有名气的长笛演奏员，人送外号"曹笛子"。一次偶然的机会，父亲听到了钢琴的声音，瞬间便被"乐器之王"的魅力征服了，立志让女儿学习钢琴。当时恰逢中国大陆家庭钢琴学习的热潮，想要买一架钢琴，不仅需要充足的财力，还要有一点运气。在这一点上，曹慧的运气显然不怎么好，从预订到真正触摸到钢琴整整等了两年的时间，对此她笑称自己是"被延误了两年的种子选手"。

"遇到叶俊松先生是我人生最大的幸运之一。"谈及自己的启蒙恩师，曹慧的话语中充满了感恩之情，"叶先生为我打下了非常坚实的基础，他对于钢琴演奏的理解至今让我受益匪浅"。在叶先生的悉心指导下，曹慧在钢琴上的天赋很快便显现出来，先后斩获了众多少儿钢琴比赛的桂冠。

"一天，父亲接到叶先生的电话，让我赶紧去他家一趟，有一位北京来的贵宾想要见见我，去了之后才知道是中央音乐学院的李其芳教授。当时跟我一起见李教授的还有另外三个孩子，李教授听了我们的演奏后，高兴地拉着我的手问我有没有报考中央音乐学院的打算，如果有，明年就可以去北京找她。

"在李教授的鼓励下，第二年我就去了北京。李教授给我上了第一节课后，就兴奋地给周广仁先生打电话，说发现了一个好苗子，想请周先生一起为我授课。周先生也欣然应允，就这样，我非常幸运地跟随两位老师学习了一个多月，之后便顺利考入了中央音乐学院附中。

"令我非常感动的是，两位老师抽出宝贵的时间对我进行指导，却一分钱的学费都没有收。这份淡泊名利、倾心艺术的风范给我十分深远的影响。此外，还要特别感谢从本科阶段就指导我的谢华珍教授，她不仅教我弹琴，还教我做人，直到现在我还记得她对我说过的话：做艺术，要不忘初心，千万不要被所谓的商业大潮蒙蔽了双眼、迷失了本心。"

音乐演奏的最高境界是自然流露

音乐之外，曹慧醉心阅读，艺术、历史、文学、哲学无不涉猎。游学意大利期间，除了练琴演出之外，剩下的时间都给了博物馆。馆内众多的古希腊、古罗马时期的艺术品给予了她丰富的艺术养分和音乐灵感。"涉猎不同形式的艺术越多，便越明确自己的选择，形成自己的'品位'。而品位最终会形成艺术价值观，这对艺术家来说至关重要。"

演奏家的风格建立在挖掘自身性格的基础之上。"优雅、灵动而又不失内敛，有一种迷人的含蓄性"是业内对曹慧演奏风格的评价。与众多"一战成名"的演奏家不同，曹慧的"热"是通过一次次演出慢慢烧起来的：2006 年应美国教师协会邀请在加州举行钢琴独奏音乐会大获好评，并得到该协会颁发的"杰出演奏家"荣誉证书；2008 年在罗马举行了个人室内乐专场音乐会，与意大利国家广播电视台合唱团合作演出，在欧洲华人为四川汶川地区赈灾义演中演出；2011 年应伦敦政治经济学院、意大利博隆尼亚音乐节组委会、瑞士伯尔尼音乐学院邀请在欧洲巡回演出，并在伯尔尼举行了个人室内乐专场音乐会，被当地媒体热烈报道；2015 年应邀在博鳌亚洲论坛闭幕式上与郎朗同台，为国家领导人和 17 国元首，以及上千名中外政商领袖嘉宾演出……

"年少时的自己也一度追求深刻，但我逐渐意识到，强调个人意识反而给音乐造成了一层障碍，即便开始会给人以震撼，但是回味不长。用刻意的方式去追求深刻和老成，反而代表了一种稚嫩。真正的成熟是不刻意的。"所以近年来，曹慧把音乐演奏的最高境界定义为自然流露，"音乐本身有它自己的美。自然流露是因为尊重音乐"。

艺术商业化是必然趋势

随着国内艺术演出市场的升温，以往曲高和寡的高雅艺术开始走入民间，面对被商业大潮裹挟的艺术市场，有人乐见其成，有人悲观失望。对此，曹慧表示："艺术商业化并不是现代才出现的，早在古典主义时期就有了，最典型的例子就是莫扎特与萨尔斯堡的大主教闹翻后，愤然离开宫廷，靠作曲和演出维持生活，这就是艺术商品化的一种表现。随着人们经济水平的提升以及对于艺术消费的需求，艺术商业化是一种必然趋势。但这并不意味着我们要对其听之任之，无论是艺术家，还是艺术市场的操盘者，包括广大媒体，都有义务和责任引导大众欣赏正能量的、高水平的艺术演出，培养更高层次的审美水准，才会形成一种良性循环。

"就艺术家本身而言，应该明白哪些是属于自己专业范畴的，哪些不是。比如演奏家，好好地揣摩作品、磨炼技术才是自己该做的，其他市场的部分交给经纪人或专业的策划推广机构去做。如果艺术家过分追求商业利益，会阻碍自身对于艺术的追求，这就本末倒置了。"

作为地道的昆明人，曹慧也多次回到家乡演出，对于昆明艺术市场的变化可谓是有着切身感受："记得中学和大学时回昆明演出，经常会出现小孩子在演出现场跑来跑去，大人在下面交头接耳的现象。但近几年再回来开演奏会，明显感觉到昆明的演出市场有了长足的进步，演出现场秩序井然，观众的品位和欣赏水准也提升了不少，大家对于欣赏高雅艺术有了一种仪式感。

"与北上广深等一线城市相比，昆明的艺术演出市场还不够成熟，最直接的表现就体现在演出曲目的选择上，昆明乐迷倾向于一些入门级的曲目，虽然耳熟能详，听起来富有亲切感，但从长远看，应有意识地引导大家欣赏更高难度的作品。我注意到，在海冬青组织的演奏会上，已经出现了针对观众的导赏环节，这种尝试非常好。毕竟对于演奏家而言，只有观众真正理解了你在演奏什么，双方才能有真正的互动与交流。

"很多经典曲目都有疗愈心灵的功效，比如，开车或运动的时候，我建议大家听巴赫，因为巴赫的音乐能让人内心平静。耶鲁大学的研究表明，莫扎特的作品可以促进某些神经系统疾病的康复。"

艺术不是一种技能，而是一种体验

曹慧本科及研究生阶段学的是独奏，赴意大利留学期间改修了室内乐，在谈到两者之间的区别时，曹慧说："独奏非常考验一个演奏家掌控现场的能力，而室内乐更注重各个声部间的平衡，不仅要很好地完成自己的部分，还要注意与演出伙伴做好配合，这对于视唱练耳能力有一定的要求，还非常考验临场反应能力。所以，学琴的孩子通过一些合奏课的训练，多接触一些室内乐，对于整体能力的提升是有很大帮助的。

"目前全国艺术院校针对室内乐这一块的重视和投入程度普遍不足，最好的是中央音乐学院和上海音乐学院，成立了专门的室内乐教研室，但也不过是 10 年左右的时间，西安音乐学院的室内乐教研室只有一两年的时间，其他院校如云南艺术学院仅仅开设了这门课，这是远远不够的。

"这次回到昆明，跟本地艺术教育市场相关人士进行了沟通，大家的普遍感受是昆明乃至整个云南的艺术培训市场有整体下滑的趋势。根本原因还是激励机制出了问题：对于艺术培训来说，考级是最直观的激励，云南的艺术考级，无论是三级以下的低级认证，还是七级以上的高级认证，通过率几乎都是 100%。这背后有各个艺术培训机构之间恶性竞争的原因，但更多的还是不少家长的功利心作祟，大部分家长似乎觉得孩子既然学了琴，就必须过个级、拿个奖，否则就亏了。这种心态对于孩子艺术水平的提升有百害而无一利。

"其实云南的家长这种心态并不是个例，所以要从根本上扭转这个现象，全国琴童的家长都要树立一种健康的心态，孩子学琴不只是为了拿奖，而是可以通过音乐的熏陶，陶冶孩子的情操、培养自律性和提升管理时间的能力。艺术不是一种技能，而是一种体验。"

谈到未来的规划时，曹慧表示工作的重心还是会放在演出和科研上，计划申报一些国家级的项目。她编著的《经典室内乐作品集》已由中央音乐学院出版发行。"我非常喜欢作曲，正尝试将云南的部分音乐作品进行重新解构，改编成钢琴曲目，当然在这个过程中也会融入诸如爵士乐等一些新的音乐元素，相信出来的东西会很有趣。"

对于自己的定位，曹慧说道："可以这么说，路是看清楚了，但要不停地走，不停地挖掘。简单来说，我希望做一名高雅音乐的传播者、音乐普及的耕耘者。"

写于 2017 年 9 月 5 日

● 朱福："梅花"香自苦寒来

提到"小鲜肉"这个词，你的脑海里浮现出的一定是那些令人眼花缭乱的"流量明星"。但是，你知道吗，在古老的京剧舞台上也有一种"小鲜肉"，那就是位居"生旦净末丑"之首的"生"行里的小生行当。

他，是英武悲壮的罗成，是志得意满的吕布，是儒雅风流的周瑜。他，是当今京剧"生"行中的翘楚，也是我们云南京剧界的骄傲。他，便是朱福。

"男儿志气比天高，为国怎能辞辛劳。明知奸王施巧计，拼将热血溅征袍……"舞台上的朱福，一袭白袍，昂然肃立，英气逼人，将"俏罗成"的形象演绎得入木三分。伴随着剧情的推进，战场上的罗成白马银枪，靠旗翻飞；叫关时的罗成白袍似雪，水发披肩。精彩处，满堂喝彩；悲壮处，静默无言。恍惚间，你已分不清台上站的是朱福还是罗成。

玉树临风、相貌堂堂，面如莹莹冠玉，目似朗朗寒星……舞台下的朱福，似古典画轴里走出来的英俊小生，集俊秀、儒雅和英气于一身。

作为著名京剧表演艺术家叶少兰先生的入室弟子，朱福深得叶派小生艺术之精髓：嗓音宽厚圆润，气度大方；行腔刚劲遒健，华丽婉转；演唱似饮琼浆玉液，沁人肺腑。扮武将壮武健爽，英气逼人；演文生清秀飘逸，富有书卷气。

2015 年的广州大剧院，朱福以叶派名剧《周仁献嫂》角逐第 27 届中国戏剧梅花奖，将主角周仁这样一个为救忠贤牺牲亲情，但又忍辱负重的男人本质的高洁和心灵的泣血用丰富的肢体语言表现得淋漓尽致，毫无争议地将梅花奖收入囊中。这是云南省京剧院斩获的第二朵梅花，也是云南省的第九朵梅花。

朱福与京剧结缘颇有几分"偶然"：1988 年，中国戏曲学院附中来昆明招生，作为班里的文艺骨干，朱福被老师推荐参加考试，由于有舞蹈基础，身体柔韧性好，加上嗓子没有"倒仓"（戏剧行话，指戏曲演员在青春期发育时嗓音变低或变哑），朱福很顺利地闯过初试、复试，成功考取。

"其实那时候自己对于京剧完全没有概念，家里面也没人懂京剧。当时就是单纯想去北京，想看看天安门是什么样子。"对于朱福考取戏校，家里的反应是喜忧参半：喜的是孩子争气，忧的是一个普通工人家庭出身的孩子，能在京剧这条路上走多远？

经过反复思量，家里最终还是决定让朱福去试试，就这样，11 岁的朱福懵懵懂懂地入了梨园行。"进入附中最开始学的是老生，从《鱼肠剑》，到《大保国》，再到《二进宫》。当时附中采取双轨制教学，我还兼攻武生。"

朱福京剧生涯的第一次"转折"出现在附中三年级：学校外聘的戏曲老师、著名京剧表演艺术家张春孝先生来老生班挑三个学生去学小生，一眼就看中了阳光帅气、成绩优异的朱福，可朱福的第一反应是拒绝的："一来是自己唱老生习惯了，不想换行当；二来就觉得小生用小嗓演唱，尖声尖气的，听着别扭。"

可最终还是"小腿拧不过大腿"，学校"半强迫"地把朱福转到了小生班，还没来得及沮丧，一场更为严峻的考验便降临到了他的身上：嗓子倒仓了。"最严重的时候是四年级下学期，小嗓一字不出，期末专业考试我唱的是《辕门射戟》，基本上是有一声没一声地唱完的，最后老师给了我及格的成绩。"

这对于习惯了年年优秀的朱福来说，无疑是一次沉重的打击。"那段时间过得非常昏暗，为了尽快渡过倒仓难关，每天天不亮，我就到学校附近的陶然亭公园里出早功、喊嗓子，就这样坚持了一年半。当时教我的是京剧泰斗茹富兰先生的二公子茹绍荃先生，在他的科学辅导下，我的嗓子才慢慢恢复过来。"

渡过倒仓难关的朱福很快展现出了他在小生行当上的天赋，先后学习了《罗成叫关》《监酒令》《佘赛花》《借赵云》《白门楼》《玉门关》《百花赠剑》等文武兼备的剧目，并得到刘雪涛、张春孝、茹绍荃、叶荣生、肖润德、李金鸿等众多名家的悉心指导，打下了坚实的专业基础。

1995 年，朱福以优异的成绩毕业，分配到云南省京剧院工作，从北京回到云南，城市京剧氛围的巨大差异以及对于未来的不确定，让朱福陷入了迷茫期。"你能想象一个月的工资只有 89 元吗？块儿八毛地用信封装好发到你手里面，有时候抖抖还能掉出几枚硬币，收入低还是其次，关键是自己找不到方向了。

"家里也劝我趁着年纪还小把文化课拾起来，重新去考大学。说实话自己当时也动摇过，但想想一路学戏的不容易，又不甘心。最后我跟家里做了一个'两年之约'：我要在两年后的云南省青年戏曲演员大赛上拿到一等奖，证明自己是不想唱而不是不能唱。之后我就听从家人的安排，重新去念大学。"

有了目标之后，朱福的一切又回到了正轨。1997 年，他凭借《周仁献嫂》勇夺云南省第四届青年戏曲演员大赛第一名，高兴之余，他也重新找回了学习京剧的获得感和幸福感。"比赛结束后我和家人长谈了一次，最后他们还是支持我继续在京剧这条路上走下去。"

1999 年，朱福再次参加云南省第五届青年戏曲演员大赛，以文武并重的《周瑜归天》顺利闯过初赛、复赛，就在决赛前的一个星期，一次排练时的意外导致他的右脚震裂式骨折，脚面肿得像馒头一样。随行的领导劝他放弃，但他还是决定拼一把。决赛时，他左脚穿着 39 码的靴子，右脚穿着 44 码的靴子，以一部《小宴》再次夺得第一名。

行云流水般的表演成功"骗过"了评委和观众，直到他拄着拐杖上台领奖时，才引得惊呼声一片，由于演出时用力过猛造成血水与靴子粘连在一起，不得不用剪刀剪开靴子，而这个伤疤一直伴随着朱福，仿佛一枚勋章，见证着他的骄傲和对舞台的敬畏。

2000 年，朱福参加文化部主办的全国优秀青年演员评比展演，与李胜素、袁慧琴等名家同台竞技，勇夺二等奖，同年以优异成绩进入全国电视大赛决赛，也是云南省进入决赛的唯一演员。此时，朱福的京剧事业似乎达到了顶峰。

"说实话，自己那时候是有点飘飘然。2001 年参加第四届全国青年京剧演员电视大赛时，是奔着金奖去的，结果拿到了银奖，回来自己很不服气又苦练了四年。2005 年第五届青京赛，再次以微弱的劣势与金奖擦肩而过，这时候我开始反思自己的表演是否遭遇了'瓶颈'。"

痛定思痛之后，朱福再次做出了一个让全家震惊的决定：卖掉单位分配的 100 多平方米的福利房，赴京深造。"回到中国戏曲学院，让我真正意识到自己离顶尖的京剧表演差距有多大。既然发现了自己的不足，那就要抓紧一切学习的机会迎头赶上！"

在这两段求学的时光里，朱福像一块海绵，如饥似渴地汲取着知识和技能：昆曲、书画、发声技巧……凭着近乎自虐的劲头，他考取了中国戏曲学院第四届研究生班，成为云南获得戏曲表演专业硕士的第一人。

在研究生班的学习期间，众多京剧大师的轮番授课，让朱福有眼界大开之感。最让他感到幸运的是，2006 年，他终于如愿拜入京剧大师叶少兰先生门下，专攻叶派小生。

"师父教我的第一出戏就是《周仁献嫂》，在此之前这出戏我已经唱了快十年了，结果是被推倒重来，师父不仅纠正了很多我以往表演当中的误区，也让我对叶派小生艺术有了再认识。好的表演讲究'处处有谱'：身段有谱、表演有谱、唱腔有谱、念白有谱，从情绪到眼神，每个细节都要抠得明明白白。

"《周仁献嫂》是一出非常吃功夫的戏，不仅有大段繁难的唱腔，在身法上也有很多高难度的技巧，师父对剧本先后两次修改优化，整出戏已经达到了相当高的艺术水准，是可以流传百世的。"

在叶少兰先生的悉心指导下，2008 年，朱福以《踏冠》《白门楼》夺得第六届全国青年京剧演员电视大赛金奖，这也是中国戏曲学院时隔 20 年后再次获得此项殊荣。

2017 年，由朱福主演的《周仁献嫂》入选中国京剧音像工程首期名单，他的另外两部经典作品《罗成叫关》《玉门关》也入选中国京剧音像工程第二期名单。

谈到自己取得的成绩，朱福难掩对恩师的感激之情："自己可以说是站在巨人的肩膀上，获益良多。"

2010 年，在云南相关领导的关怀和邀请下，朱福从中国京剧院辞职，回到昆明通过竞聘担任云南省京剧院副院长一职。

走上领导岗位的朱福，对于京剧又有了不同角度的认知："京剧作为中国传统文化的精粹，拥有深厚的文化底蕴和实践积累，代表中国人性格的表达方式和独具特色的审美价值。

"不可否认的是，由于当代文化的冲击、优秀创作人才的匮乏、市场营销能力的欠缺等诸多原因，京剧的发展还是遭遇了许多困难，这是所有京剧人都应该正视和思考的问题。

"云南省京剧院自 1960 年成立以来，为新中国京剧事业的发展做出了不可替代的贡献，发掘、创作出了一大批反映云南少数民族良好精神面貌的优秀作品，在吸纳少数民族艺术精华为京剧所用的同时，也为新时代下的京剧创作闯出了一条新路子。

"新时代下，党和政府大力倡导文化自信。何谓文化自信？就是一个民族、一个国家以及一个政党对自身文化价值的充分肯定和积极践行，并对其文化的生命力持有的坚定信心。我曾撰文阐述过我对文化自信的理解，在我看来，文化自信的前提是文化自知。对于复兴京剧来说，自知就更为重要。作为新时代的戏曲人，我们必须有所担当，否则就愧对这个伟大的时代。

"对云南省京剧院来说，未来几年，我们在大力培养青年人才、充实创作队伍的同时，还将继续坚持用京剧反映云南少数民族生活这个大方向不动摇，迎难而上，让京剧真正成为云南艺术领域里的一支生力军，让京剧之花可以开遍彩云之南，为创建和谐社会贡献自己的一份力量！"

写于 2018 年 1 月 14 日

● 陈达：君子九思，通达圆融

　　工作外的陈达活得像个"隐士"："我的手机经常 24 小时静音，也不会时不时拿起来看看是否有人找我，我也几乎不看电视、不上网。"这个衣着精致、谈吐风趣的男人，字典里似乎永远没有"烦恼"二字，他用自己的方式与这个世界进行着一场"舒服"的对谈。

　　在很长一段时间内，"周广仁之子"的身份认定会让陈达陷入一种焦灼甚至愤怒的情绪中。如今，他与妻子逄勃女士联合创立的"周广仁钢琴艺术中心"分部已遍布大江南北，数以万计的学员正在接受系统、先进的音乐教育。尽管艺术中心以母亲的名字命名，但核心的钢琴教育理念更多地来自陈达和逄勃工作室团队自己的体悟。

母亲对我的影响是"复杂"的

　　在常人眼中，出身于钢琴世家，母亲更是钢琴界泰斗级人物的陈达，应该"顺理成章"地成为一名钢琴家，殊不知，陈达 15 岁时才开始接触钢琴。而这次接触也完全算得上一次"意外"：当时班上一个同学挑衅他："你妈妈是钢琴家，那你一定会弹《致爱丽丝》喽？"年轻气盛的陈达几乎没有迟疑地回答"当然会"。可当时的他，连五线谱都不会认，回到家里，他找妹妹教他五线谱，没有任何老师的指导，就自己摸索起来。一周后，他在音乐课上弹了《致爱丽丝》的主旋律部分。

"我母亲把更多的精力投在她的学生们身上，对我秉持一种'自然生长'的教育方式，并没有引导我接触钢琴，这在现在的家长看来，实在有点不可思议。"当周广仁先生发现了儿子在钢琴上的天赋时，欣喜之余立马给儿子联系了当时中央音乐学院里最严厉的钢琴教授，想让儿子在钢琴上有所建树。

但又一次让人大跌眼镜的是，一年半后，钢琴教授将这名"不能达到老师要求"的学生退了回来。"感觉无论如何努力，都与我想达到的成绩和想得到的认可对不上，这个过程太痛苦了，最后就放弃了。"

"虽然放弃过，但在那个年代，会钢琴的人毕竟太少了。"1980年，插队回来的陈达还是凭着钢琴功底考入了北京舞蹈学院，担任舞蹈伴奏。"当时备考时完全是突击式的练琴，导致严重的肌肉劳损。舞蹈伴奏的生涯只持续了三个月就宣告结束。我弹不了琴了，只能教琴。"

尽管拥有一个"铁饭碗"的工作，但是陈达完全找不到成就感。想当钢琴家的梦想被现实无情粉碎，也加剧了他与母亲之间关系的恶化。"我把这一切都归咎于母亲从小对我的'忽视'和'耽误'，因此在相当长的时间里，我对母亲都是充满怨气的。"

1984年，感觉到"在母亲那里永远翻不了身"的陈达，做出了一个让当时所有人都瞠目结舌的决定：辞去公职，下海经商。"我应该是文化部三校三院系统内辞去公职的第一人。"

下海后的陈达成立了当时中国第一家心理学公司——北京师范大学心理测量与服务中心，这家公司在当时做了很多现在看起来"很酷"

的事情：中国第一份向联合国教科文组织提交的 IQ 调查问卷、为当时的中国女排进行性格测试……凭借敏锐的商业头脑，陈达很快就掘到了人生的第一桶金。"当时北京才刚刚有万元户的说法时，我公司的资产已经有上百万了。"

1987 年，陈达前往日本东京留学，"最初的目的也不是学习钢琴"。在妹妹的"好找工作"的建议下，陈达接触到了世界著名的"铃木教学法"，这也成为他人生真正意义上的转折点。

"可以进入铃木才能教育研究院学习，还是沾了我母亲的光。"当得知陈达是周广仁先生的儿子时，铃木教学法的创始人铃木镇一亲自为陈达做了担保，"当时我是第一个来自中国的学生，又有这样一个特殊的身份，铃木先生大概是看中了这两点。"

在这里，他接触到了全新的钢琴教学和演奏方法。"感觉之前学到的一切都被推翻了，一上琴出来的声音就是不对。"几乎是从头开始的陈达很快适应了铃木式的教学风格，"之前练琴时的伤不知不觉就好了，一天弹上八小时都不累"。凭借出色的音乐领悟力，"基础最弱"的陈达很快就在同学中脱颖而出，老师在赞叹之余，也不禁惋惜："为什么你不从小就学琴呢？"

1989 年，从美国演出归来的周广仁先生途经东京看望陈达，当听到儿子弹奏出的琴声时，周先生愣住了。"当时我母亲绕着钢琴走了一圈，自言自语道：'这声音究竟是从哪里发出来的？'"那一刻，33 岁的陈达感觉自己在母亲面前"无比强大"，"终于可以在母亲面前证明自己了"。

没有不好的学生

"没有不好的学生。"这是陈达经常挂在嘴边的话。2004 年前，陈达一直在美国从事钢琴教育。刚到美国那几年，家长并不十分信任这位亚洲来的钢琴老师，但一段时间后，家长们发现，即使再顽皮的孩子，跟着陈达学琴之后，都变优秀了。在他的课堂上，从来没有打压学生积极性的举动和话语。

"有时候学生一直弹不好，家长、老师就会着急，一着急就容易给学生压力，甚至还有打骂的，你说这样一次两次，孩子还敢弹琴吗？这不是让学生弹琴，是让他们害怕弹琴啊。"所以当学生因为一直掌握不了某个演奏方法而出现负面情绪时，陈达的处理方法是：转移他的注意力，暂时跳过这一节，表扬学生在其他地方的收获。过一段时间再回过头去，告诉他怎么弹。一天不行就两天，一周不行就两周。

"在我看来，弹钢琴是世界上最难的事情，演奏时不光是肢体的动作，还有大脑也在急速地运转——这个音程要如何处理，下个小节要用什么样的力度、速度、情感、演奏方法等，这需要注意力百分之百地集中。当这个孩子真正学会了怎么去弹钢琴，那么别的事情他也一样可以做好。"

如今，陈达已经是业内声名卓著的钢琴教育家，周广仁先生也经常对弟子们说："你们要向宝宝（陈达的昵称）多请教。"

我是一个"没有坏关系"的人

很多朋友都感觉和陈达相处非常舒服："他的一言一行都很会为你

考虑，让你感觉很自在，但又不是刻意的逢迎。"对此，陈达表现得很淡然。

"我看待世界的角度是立体的、多维度的，我会在其中找到一个合理的点，用来与外界沟通。在我的眼中，对错的评判标准往往源于彼此立场的不同。中国人讲究君子和而不同，这是一种圆融的处世态度，这不等同于圆滑。圆滑是没有立场的，而圆融是正视人与人之间的差异甚至有分歧，不会动辄用自己的标准去套别人，那么自然就不会有那么多的负面情绪。

"君子有九思：视思明，听思聪，色思温，貌思恭，言思忠，事思敬，疑思问，忿思难，见得思义。这是我们老祖宗传下来的最朴素的为人处世准则。我的体悟是，首先自己持身要正，时刻反思自己的一言一行是否不违背本心，那么你自然而然就会传递出一种非常正的气场。别人跟你相处自然就会很舒服。

"我是一个没有坏关系的人，这是我对自己最基本的要求。如果这个人真心对你，那么你就要珍惜；如果这个人对你有了歹心，你也不必为此烦恼，甚至愤恨，因为那都是用别人的错误惩罚你自己。我经常说，没有任何人可以伤害到我，因为我知道自己应该在乎什么，应该屏蔽什么，简单来说，就是做好自己的情绪管理。

"当你做到不忘本我，还能与外界达成和解的时候，就可以活得通达、活得自在了。"

写于 2016 年 3 月 31 日

第二章

角色的灵魂

演好自己人生的角色，

随波不逐流

"

在这个章节出现的嘉宾朋友，他们有着不同的行业背景，也自带迥异的个性烙印。在陌生人的眼中，他们是开挂的人生赢家；而从朋友的角度来看，他们是充满信念的勇士，渴望改变自己的人生轨迹，渴望突破自我边界。在寻求改变的过程中，他们发现了更多的人生可能性。

与浩瀚征途相比，每一个勇士又都是渺小的。难能可贵的是，他们在此过程中逐渐发现了自我，形成了强烈的自我意识。"成为有影响力的人"这条道路没有终点，站在新的人生节点上，他们又开始了新的征程，永不停歇。

人生沉浮，难得的是不忘初心。在当今这个年代，随波不逐流，需要勇气，也需要能力。总要失去一些什么，才能坚持下来。令人钦佩的是，他们都知道自己的角色是什么，并愿意为之坚守，因为他们知道，人生的作品，需要时间来验证。

● 张丰毅："老腊肉"是这样练成的

相较"小鲜肉"的鲜嫩，那些历经岁月浸渍的"老腊肉"更具滋味，而张丰毅就是"老腊肉"中的"极品"。

很多人第一眼见到张丰毅，都不会把眼前这个男人与50后联系起来。看起来，似乎岁月也对他格外眷顾，不忍在他的身上留下太多的痕迹。这个戏外很少接受采访，甚至有些"惜字如金"的男人，在其30多年的演艺生涯中，塑造了很多堪称银幕经典的硬汉角色。生活中的张丰毅充满活力、锋芒内敛，热爱生活。

与别人比，我算是"顺利"的

1978年，恢复高考的第二年，张丰毅从东川文工团考入北京电影学院表演系。谈及这段求学经历，张丰毅说自己当时没有什么"野心"，只是热爱表演，骨子里有种"执拗"的坚持，"要做就做最好的"。而生活告诉我们，幸运往往偏爱有准备的人。

1981年，由凌子风导演指导的《骆驼祥子》开始演员海选，作为老舍先生笔下的经典作品，这次海选活动却并不顺利，男一号迟迟定不下来。当时银幕上正流行"奶油小生"，这无疑与凌子风导演心中的"骆驼祥子"形象相去甚远。直到当时还在念大学的张丰毅出现，形象气质都像极了老舍先生笔下的祥子，凌子风导演当即拍板，历时八个月的海选才告结束。1982 年，此片一经推出即轰动影坛，也奠定了张丰毅在内地影坛的地位。

谈及当时的情景，张丰毅说："与其他演员相比，我算是'顺利'的。"诚然，在 20 世纪 80 年代，内地影坛不算景气，也极度缺乏一张"棱角分明"的面孔，张丰毅的横空出世是一个惊喜，那个时候的他可谓片约不断，表演的功力也不断得到打磨和提升。所以当张丰毅遇上陈凯歌的《霸王别姬》时，"一切都是刚刚好"。

豆瓣曾这样评论这部电影："90 年代中国人有这样一部电影是幸运的。"其中，张丰毅饰演的段小楼这一角色身经少年裘马、中年失意、晚年落魄，可爱、可悲、可怜、可憎，刚强与懦弱、得意与迷惑、平凡与平庸，张丰毅的表演张弛有度，毫无斧凿之痕。

有影评家这样评论："小楼是里面唯一一个平凡的人，或者说，是里面唯一一个平凡的男人，他有他的欲望和软弱，他有他的刚强和骨气，是剧里最接近我们自己的一个，是最真实的一个。"此片荣获当年戛纳电影节金棕榈大奖，也是迄今为止中国电影在国际影坛斩获的最高荣誉。

演员演的是别人，长的是"内功"

"我从来不在同一时期接同类角色，比如刚演过军人，下一部就绝不演军人。"张丰毅的这一业内共知的"原则"在遇到《白鹿原》时破了例。原因很简单："《白鹿原》是我眼中最好的中国小说。"

柏林电影节放映后，张丰毅当时跟导演王全安说了"圆满失败"。"如果把这个版本拿到国内放，那么会更'圆满'，因为国内看过《白鹿原》小说的人很多，欣赏水平非常高。"巨大的缺憾变成了一种"不甘"，当电视剧版《白鹿原》再次邀请张丰毅出演白嘉轩这一角色时，他毫不犹豫地答应了。

在谈及白嘉轩这个角色时，张丰毅说："我理解的白嘉轩是接受过中国古代传统的封建主义思想教育并且身体力行的传统而本分的一个人，他是一个族长，什么情况下都要讲究自己的原则，属于有原则认死理的人。他的原则是：'我就这样，你对我怎样我不管，那是你的事。'刚者易折，所以他不刚，他在用自己的韧性生存。在动荡的年代里没有英雄，英雄都会死掉。所以白嘉轩可以经受住那么多灾难，带领族人坚持到最后。

"身为一名演员，'内功'的积累非常重要，尤其是出演历史人物时，剧本里的人物设定只是很小的一部分，你要想演活这个角色，就要走进人物的内心，了解他所处年代的背景，这些东西，没有捷径，只能靠日常的积累。"

别活在别人的嘴里

作为演员，有时不免要为"人情"接一些戏，但张丰毅"该拒绝时就拒绝"。当面对自己喜欢的角色时，他会迸发出强大的创作激情，会疯魔似的琢磨人物，其间难免会就角色提出自己的看法，凡此种种，落在某些人眼中，就是不折不扣的"戏霸"作风。对此，张丰毅一笑置之："我就是个直性子的人，如果让我用很圆滑或者很官方的方式去回答别人的问题，对不起，拐弯抹角我做不到。至于别人的评价，我不在乎。"

戏外的张丰毅在面对陌生人和某些媒体时，也会带些"棱角"：一方面给人的感觉比较"冷面"，惜字如金；另一方面又很"敢言"。"比如，有记者动不动就问你是怎么塑造这个人物的，这么笼统的问题叫我从何答起？"于是，也就有了张丰毅面对这种"不着边际"的提问时的"三字经"："不知道、好像是、无所谓、还可以……"

像刷牙一样习惯健身

"不拍戏的时候，早上 7 点多起床，出门跑步锻炼；中午睡个午觉，下午去健身房健身，每天至少保证两小时的有氧运动。这一切早已形成习惯，像刷牙一样，谈不上毅力。"正如张丰毅自己所说的，运动已经成了他生活的一个"标签"，有一段时间，他还拉着家里的小阿姨一起打篮球，让小阿姨捡球，只是后来发现小阿姨实在没有兴趣才作罢。在各种运动中，张丰毅最爱篮球和拳击，其次是游泳。

即使在拍戏过程中，张丰毅的行李中也永远带着一副哑铃。在拍摄吴宇森导演的《赤壁》时，由于拍摄周期长，剧组专门搭建了一个健身房供大家锻炼。在剧中饰演曹操的张丰毅可谓是"身先士卒"，拍戏之余带着"曹丞相"身边的一干大将、谋士齐聚健身房，后来剧组直接在健身房门外挂了个牌子：曹营。

张丰毅的"运动说"影响了圈内的一大批人，很多朋友感慨他热爱运动的同时，也加入了运动的行列。"很多朋友见面就说压力太大，我的建议很简单：运动。"身为梦舟明星篮球队队长的他，身边有一票明星队友，诸如投三分很准的陈道明、打球很会动脑子的胡军……

2015 年，张丰毅亮相湖南卫视真人秀节目《真正男子汉》，一身漂亮的肌肉、风趣幽默的谈吐，让他迅速掳获了一众年轻粉丝的心，"补刀帝"外加"萌大叔"的形象让人看到了这位"银幕硬汉"可爱的一面。在被问及为何同意参加此类真人秀节目时，他的回答依旧简单直接："这个节目不瞎贫。"

舒服是最理想的生活状态

朋友眼中的张丰毅，很随和，更不缺乏浪漫与情调。"我北京家里的院子里种满了果树。夏天的桃子结得特别大，农科院的品种，还有杏树、樱桃树和柿子树。看着果树从开花到结果的过程，是一件很有意思的事情。对我来说，钱只要可以满足家人的正常需求就可以了，挣多少才算够？每个人有每个人的生活方式，只要你自己觉得幸福、觉得舒服就足够了。"

2016 年 1 月 19 日

● 常戎：人不老，心更不老

他是《余罪》里最有"存在感"的许处长，也是《白狼》里枪法出众的土匪头子"黑狼"；他是《中华之剑》里智勇双全的缉毒警察，也是《疯狂的代价》里令人痛恨的犯罪分子。纵观中国内地影视圈，很少有人能像常戎一般，可以在正与邪、善与恶之间转换得游刃有余、酣畅淋漓，曾有观众这样评价他的演技：很难想象如此棱角分明的一张脸，竟藏着正气凛然与邪魅逼人的两张面孔，令人沉醉。

如今，早已步入知天命之年的常戎，依旧凭着一身傲人的肌肉和丝丝入扣的精湛演技活跃在影坛上，被众多网友誉为"不老男神""行走的荷尔蒙"。银幕中的他快意恩仇、勇猛暴烈，生活里的他却低调谦和、乐天达观。

在2016年最火的网剧《余罪》中有这么一段戏，余罪问许平秋："许处，你年轻的时候是不是也跟我一样？"许平秋回答道："说实话比你还过分呢，但要论形象比你帅多了，论气质那是相当的酷，要论身材秒杀当代一切'小鲜肉'。"余罪大笑："吹牛遭雷劈。"……其实，这段回答恰恰是许平秋的扮演者常戎过去几十年演艺生涯的生动写照。

两张黑白照片赢来的"银幕首秀"

常戎的父亲是云南话剧院一名优秀的话剧演员，受到家庭环境的熏陶，常戎从小就对表演有着浓厚兴趣。"当时每天的娱乐活动就是白天看电影，晚上看我父亲他们演话剧。现在回头看，自己最后走上演员的道路与小时候受到父亲的启蒙与影响是分不开的。"

1979 年，高中即将毕业的常戎迎来了人生的第一次"重要机会"：上海电影制片厂著名导演白沉在广西筹拍电影《十天》，电影讲述的是广西解放前夕，三个孩子（阿峰、虎仔和兰妹）偷出了敌人的秘密文件，在十天之内历尽千辛万苦把密件送到游击区的故事。其中，阿峰的扮演者是当时的著名童星、《闪闪的红星》中潘冬子的扮演者祝新运，可另一个灵魂人物——虎仔的扮演者却迟迟未能敲定。

"当时《十天》的副导演、著名表演艺术家方化老师来到云南话剧院，希望李文伟老师可以推荐合适的孩子去拍戏。李老师说：常态的儿子就挺合适。于是我被叫到了李老师的家里，当时方化老师对我的第一印象不错，就要了我的两张黑白照片说带去给导演看看。

"一个星期之后我接到了广西的电报：请常戎同学速到广西试戏。对此家人都非常支持，说喜欢就去试试，权当一次锻炼。于是，我拿着电报去跟班主任请假，班主任也非常开明，批了我几天假期。当时和我一起面试的还有一个孩子，最终经过试戏后，我被留下了。"高兴之余，常戎却又犯了难，"因为这部戏一拍就是半年，可不到半年我就要高中毕业了。经与班主任沟通，班主任对此持支持态度，表明考试可用平时成绩代替。就这样，我算是正式走上了演员这条道路。"

我不怕被"标签化"

好演员固然能够令一个角色深入人心，但也有不少演员苦恼于被自己塑造出的经典角色所"套牢"。常戎就曾扮演过不少警察，当笔者问他是否担心被"标签化"时，他的回答直接而霸气："在这方面我从没有任何苦恼和纠结，因为演员扮演的是角色。同样都是演刑警，每部剧的人设不同、剧情发展不同、时代背景不同，甚至随着演员的人生阅历的积累，都会给这个角色带来全新的演绎和变化。所以我看重的是能不能通过这个角色挖掘到新的东西，和我之前扮演的角色区分开来，如果剧本不错，在表演上也有突破的空间，我会毫不犹豫地接下来。所以，我可以连演十个警察，但绝对是十个不一样的、有血有肉的警察，而不是简单地复制。

"虽然经常说好的演员要做到千人千面，但这仅存在于理想状态，现实中是不可能的。就拿我自己来说，我什么角色都能演，但是不可能什么角色都能演好。也许你会吐槽这个演员是不是只会演这一类角色，但是你不妨反向思考一下：为什么大家都喜欢找他来演这一类角色呢？答案很简单：如果我能让椅子演椅子，干吗非得让桌子演椅子？导演选角自然都倾向低风险的选择。

"所以，我不赞成为了所谓的突破而突破，明明知道这个角色不适合自己，还要硬着头皮来挑战自己，来证明自己可以驾驭任何角色，结果演出来不伦不类，这样不仅是对自己不负责任，更是对观众不负责任。这种人不是真演员，而是演'演员'！"

中国不缺好演员，缺的是好的机遇和平台

《余罪》大火后，不少网友戏言常戎将许平秋这个"功能性角色"演出了存在感，甚至有媒体评价常戎借着许平秋这个角色"打破了以往那种温暾游离的状态，让自己再次回到观众视野"。对此，常戎的回应十分耿直："我从来不在乎外界的评价，因为我左右不了别人，也不会让别人左右我。之前也有人曾微信我说：常老师，你最近是不是没在拍戏？我回答说：拍啊！一直都没停。我相信类似的问题其他演员也遇到过。为什么会出现这种现象呢？因为每年拍的电视剧、电影很多，有影响力的很少，能在黄金档播的很少，能播火的更少，上不了热搜、上不了头条，观众自然就会认为你好长时间不演戏了。

"一方面，同样作为一名演员，你可能努力了十年都默默无闻，可别人一出道就一鸣惊人。好的机遇和平台非常重要。从另一方面讲，既然你选择了演员这个职业，就不要有太重的功利心，否则你就会很痛苦，你一定要发自内心地热爱这个职业，热爱表演本身，这样才有意义。"

在《余罪》中，常戎演活了许平秋这个原著小说中的"腹黑天王"，笔者问到当初为何会同意出演一部网剧时，常戎答道："这部戏的导演张睿跟随张建栋做过多年的执行导演，张建栋是我的同班同学。经引荐，张睿导演直接找到我公司，诚意邀请我出演，并表示多年来一直喜欢我的戏，想与我合作一次。张睿导演的诚意很打动我，拿到剧本后，我被这个题材深深吸引，就接下了这部剧。

"掌上移动终端是现在乃至未来的一种趋势，网剧正是顺应了这种趋势，我也没有什么抵触。我这个人比较开明，和年轻人都能聊到一

块儿，属于人也不老，心更不老。《余罪》这部戏最打动我的有两点：一是剧本的架构，看得出作者是有生活、有经历的，不是胡编乱造；二就是许平秋这个角色不是简单的脸谱化，不是一个标准的圣人，他会为了达到一个好的目的不惜使用一些不好的手段，在人物性格上更有深度，更加真实。"

不妨对"小鲜肉"多一点宽容

聊到如今的演艺圈，就不能不提"小鲜肉"这个话题，原本笔者以为常戎会像很多"前辈"一样对众多"小鲜肉"提出一些善意的"批评"，谁知他的回答却让笔者吃了一惊："我坚决站在'小鲜肉'的一边，你有演技不假，可人家有颜值，现在就是一个看脸的时代，所以人家火了很正常。每代人都有自己的偶像，这是不同时代所必需的文化符号，从本质上讲没有谁比谁更高级一说。

"艺术本身是一种寻找知己的过程，聊得来就聊，聊不来就算，艺术本身没有绝对的权威。你自己不喜欢并不代表别人不喜欢，更不用摆出一副前辈的嘴脸来说教别人。此外，我也不认同所谓'戏比天大'的说法，弄得太沉重了，不过是种娱乐而已。就像当初20世纪70年代瞧不上80年代、80年代瞧不上90年代一样，你瞧不瞧得上，时代都会前进，这是不可逆转的。我们这些人也都年轻过，所以目光不必这么狭隘，不妨看得长远一点。"

我是一个直接的人，也是一个幸运的人

银幕外的常戎有一个幸福的家庭，谈到幸福的"秘诀"时，他说：

"虽然自己是一个很直接的人，但也会注意夫妻间的沟通技巧。只要不是原则问题，就没必要太较真。每个家庭都有自己的实际情况，不可能有百试百灵的所谓幸福秘诀，但最起码要做到换位思考、多一些包容。"谈到孩子的教育问题时，他表示："孩子的心理、生理健康远重于所谓的成绩好坏，与孩子相处，要做到言而有信、平等相待；对于孩子的教育，要做到寓教于乐、科学引导。"

无论是在家休息还是在外拍戏，常戎每天坚持锻炼两小时，并配以健康合理的饮食作息。健身对于常戎，是一种生活习惯，也是一种生活态度。"身体的年轻会引导心态的年轻，这对一个演员来说非常重要。"

回顾几十年的演艺生涯，常戎表示自己很幸运，没有因为自己的"纯粹""直接"吃过亏，遇到了很好的平台，认识了一群很好的朋友。对于未来，他没有什么"远大理想"，可以拍自己喜欢的戏，可以扮演自己喜欢的角色，本身就是最大的幸福。

写于 2017 年 5 月 28 日

● 李宁：表演的是戏法，讲的是人生

魔术师是一种让人捉摸不透的职业。他们的妙手可以让鲜花顷刻间在手掌间绽放，也可以让活泼的白鸽在毫秒间消失不见。这种"化有为无"或"无中生有"的表演是让观者深陷其中的魔力之一。而对有着"亚洲魔术王子"称号的李宁来说，"魔术是假的，功夫和人品却假不得。好的魔术需要情感的投入，以传达一种文化。如果没有这两样存在，再好的魔术也只是在炫技而已"。

2001年，第16届蒙特卡洛国际魔术大赛的候场区，李宁看着那些平日里只在录像带里见过的魔术大咖，再望望那明晃晃的舞台，身体有些僵硬，手心里也全是汗。这项国际赛事素有"魔术界的奥斯卡"之称，而每届大赛中由摩纳哥王室颁发的唯一一个金魔棒奖，更象征着世界各国顶尖魔术师的最高成就。而在过去的16年里，这项顶级赛事从没有将目光投向过东方，甚至没有一位亚洲魔术师获得过被邀请的资格，直到李宁的出现。

当主持人叫到自己的名字时，李宁深吸了一口气，风度翩翩地走上了这方魔术师眼中的最高舞台，表演了一个自己独创的魔术——《移

形换影——三变》，将戏曲、曲艺中的精粹加以融合，把变脸、更衣、变伞三个独立单元有机地结合，在瞬间进行同步变换，这个充满了神秘东方色彩的创意一举征服了挑剔的评委，将金魔棒收入囊中。那一刻，他创造了中国乃至亚洲魔术界的历史。如今，十几年过去了，李宁依旧是亚洲唯一获此殊荣的华人魔术师。

"与其说我表演的是魔术，我更希望称之为戏法。很多朋友都问我魔术和戏法究竟有何区别。两者从本质上讲，都属于表达神奇的艺术。老祖宗经常说法术法术，法在术的前面。法是什么？法是规律，代表着中国古代哲学的思辨思想，戏法讲究的是以戏演法，让你在虚虚实实的表演中悟出一些道理。所以，我经常说戏法尤其是古彩戏法是用传统文化布道的一种方式，我演的是戏法，讲的却是人生。"

第一次魔术登台是被逼无奈

李宁说，他坐火车的时候最喜欢站在两节车厢的过道里，因为这里是他魔术梦开始的地方。1989 年，父亲把李宁托付给远在桂林的丁洪杰先生学习魔术。没有火车票，李宁就站在两节车厢的过道里，窗外的风景从眼前划过，他心里想着一句豪迈的台词"混不好就不回来了"。

回忆起跟随丁先生学习的时光，李宁的感受是"受益匪浅"："先生教导我学艺先学做人，艺品即人品。也正是那段时间里养成的关于艺术的人生观、价值观，支持我一步步走到今天。"

李宁的舞台处子秀是在漓江上的一艘游轮上，"当时因为先生突然病倒，我也算是被赶鸭子上架。虽然已经跟先生学了两年多，但心里还是很紧张，哆哆嗦嗦地表演了一个《仙人栽豆》，感觉是糊里糊涂上去，糊里糊涂下来，幸好没有失误，观众的反应也很热烈"。

好的魔术是走心的

命运之神总是垂青有准备的人。2000 年，李宁前往深圳参加由中国文联、中国杂技家协会共同主办的中国杂技金菊奖全国魔术比赛，一举夺得了大赛的金奖。同年同月同地，他又一鼓作气斩获了深圳欢乐谷国际魔术比赛的金奖，成为当年中国魔术界最为耀眼的"双金王"。同年，他创作演出了新概念魔术节目《移形幻影——三变》，并借此登上了央视春节晚会。至此，李宁成了当之无愧的中国魔术第一人。

2001 年，李宁作为唯一受邀的亚洲魔术师出席第 16 届蒙特卡洛国际魔术大赛。由于中国魔术师普遍缺少原创作品，很难在世界魔术界占有一席之地，就算是偶有优秀的魔术师去参加国际大赛，也常常被误认为是日本人。为此，李宁决定搞一个原创的节目出来："川剧中的变脸是中国文化的精粹，我当时就想把变脸、变衣、变伞这三个元素融合在一起，瞬间变换。我把这个想法告诉了身边的朋友，他们都说，李宁你的梦有点大。"

魔术创作的过程总是充满了艰辛。夏日炎炎，李宁把自己关在一个封闭的房间里，每天用不同的方法来克服技术上的难题。"我每天都在否定自己，有时睡觉的时候会突然醒来，第一个念头就是这个方法还是不行，要推翻重来。"凭着这股近乎自虐的劲儿，李宁愣是解决了一系列看似不可能解决的问题，最终《移形换影——三变》惊艳蒙特卡洛，李宁的事业也攀上了顶峰。

功成名就的他，并没有被鲜花和掌声冲昏头脑，开始重新思考魔术本身和自己的事业走向。"年轻的时候，自己也曾密集练习过各种高难度的魔术技巧，练到简直要疯掉。但后来渐渐明白了技巧作为基础固然重要，但投入感情、走心的魔术才是值得追求的。"

真正的奇迹来自不懈的坚持

2012 年 11 月 25 日深夜，武汉，李宁在长江两岸上演了 15 秒横跨 2000 米的魔幻大戏：央视新闻频道现场直播开创了国际魔术师现场直播的先河，同时也开创了亚洲实景魔术表演的先河。他先是在长江南岸武昌黄鹤楼一侧挑战"穿越"长江。在消失 15 秒之后出现在长江另一岸的龟山电视塔一侧，成功"穿越"。大约四分钟后，他再次从现场带着一名红衣女子，从龟山电视塔一侧再度成功"穿越"回南岸黄鹤楼一侧。

现场及电视机前的观众在目睹这神奇的一幕后，反响不一：有人觉得不可思议，大呼"奇迹"；也有人不屑一顾，认为不过是替身加上 3D 的把戏。对此，李宁本人十分淡然："魔术，就是要让人们看到不可思议之事，并不断超越人们的认知范围。其关键在于不断地练习，忍受孤独和疼痛，以达到最后完美的效果。对魔术师来说，所有的奇迹都来自不懈的坚持。"

真正的艺术家需要用时间和作品来证明

近年来，魔术界的后起之秀层出不穷，其中不乏带有浓重网红色彩的"小鲜肉"魔术师。作为前辈，李宁的态度平和而宽容："有句话叫作存在即合理，每个人对于魔术的理解不同、追求不同，这也是十分正常的。但最起码的底线是不能做一个带有投机心理的伪魔术师，给同行和这个行业带来伤害。

"大多数中国观众都对'揭秘'魔术乐此不疲，这种风气的养成责任不在观众，而在于某些无良的伪魔术师，既不尊重自己，也不尊重他人，更不尊重魔术。他们是通过揭秘这种哗众取宠的形式来赚取眼球，借着魔术的幌子来谋取个人的利益，这是令人不齿的。

"当然，中国魔术的未来需要大量的新鲜血液的加入，我也很乐意看到诸如有着文学、舞蹈、导演、美术背景的年轻人投身到魔术事业中，他们可以在自己的专业领域寻找到角度更为新颖的魔术表达方式，这对于丰富中国魔术的舞台表现力和激发中国魔术的原创力有着极大帮助。

"同时，我想借此提醒广大有志从事魔术表演的年轻朋友：要沉得下心，耐得住寂寞。十年的时间，可以让你成为一名成熟的魔术师；但艺术家甚至大师的养成，不仅需要时间的打磨，更需要作品来证明。终有一天，我们会离开舞台，但历史会记住你的作品，这才是不朽的。"

"魔法爸爸"的生活方式

你可以想象这样一个场景：一家人聚在一起吃饭。这时，小朋友拿起桌上的杯子，随意倒了一杯凉白开水，然后用小手盖住杯口，再轻轻一晃，哎呀，杯中水神奇地变成橙汁了！餐桌的气氛顿时活跃起来，一家人有说有笑，其乐融融。小小的魔术为小朋友赢得了掌声，也给家人带来了快乐……

这便是李宁的"传奇魔法学院"所倡导的"快乐魔术"带给孩子和家庭的变化。"我有很多身份和头衔，但最重要的身份只有一个——父亲。"女儿的出生，是李宁人生中一个非常重大的转折。初为人父的他，买了大量的教育书籍，也读了很多与教育相关的文章。当看到"对于一个女孩儿而言，尤其在她三岁以前的成长阶段，父亲的陪伴特别重要，会在很大程度上影响到她日后的自信心，以及逻辑分析等方面的能力"的说法，李宁推掉了大量的商演，决心用更多的时间来陪伴女儿。

在和女儿一起成长的过程中，李宁发现自己作为父亲的一个先天优势，就是职业魔术师的身份：小孩子都喜欢魔术，一个会魔术的爸爸，可以更容易地成为孩子的朋友；他还发现，魔术对于孩子的想象力、创造力、逻辑思维、语言表达能力、应变能力、专注度、情商等方面都有很大的提升。

魔术可以成为了解孩子的另外一个窗口。当孩子用完全不同的模式给你讲一个故事的时候，你会觉得孩子变了，长大了。

作为全国青联委员、北京青联常委，李宁在青联的成长也有 20 年了，对于青联他有着很深的感情，很多人也是他多年的好朋友。他希望通过魔法学校这一平台让大家珍贵的友谊在孩子们这一代薪火相传。

回顾一路走来的岁月，李宁充满感恩之情："感谢长期以来一直支持我、帮助我的师长、好友，也希望未来大家可以多多关注中国的魔术事业。"

写于 2017 年 4 月 2 日

● 陈流：关注被遗忘的风景

在当代艺术界，提起"陈流"这个名字，多是与独特语言、奇幻想象、黑色幽默、怪异造型之类的评价联系在一起。但生活中的陈流完全没有所谓先锋艺术家的"自觉"："年轻的时候，自己也会比较激进，特别想证明自己，得到别人的认同和关注。如今，我会更加真实地面对自己，面对自己内心的感受。"

谈起自己的创作，陈流的回答很平实："我绘画的主题大多不是传统认知层面上美的事物，更多的是一种普普通通的、带点'灰色调'的东西。艺术地展现我们生活中平淡的、被忽略的但又有存在意义的事物，就是我作品里体现出的美学态度。"

看陈流的绘画特别是早期的作品，总会让人想起中国历史上诸如《庄子》《山海经》之类的奇书，陈流笔下的人物、风景也充斥着一种奇崛的感觉，甚至早年还有批评家把他的画作归为"卡通绘画"。对于这种质疑，陈流坦言："这里面的确有一些卡通动漫的元素，因为自己本身就是一个游戏迷，这些都是我平常接触的一些东西，我不会刻意回避。

"我们 70 后是最早一波接触到卡通动漫、电子游戏的群体，这类题材在传统绘画中被当作一种肤浅的艺术形态，但不可否认这是一种大众层面的审美需要。

"外在的、符号化的东西是我表达思想的一种工具，虽是以简单甚至幼稚的图案予以呈现，但是放到社会大背景下，却是我们这个时代的文化产物，我希望可以借此传达一些对于现在、未来的反思。

"全球化让地球变成了一个村子，彼此的距离拉近了，冲突也多了，而不同文化之间的冲突与碰撞本身也带有'游戏'的成分。游戏作为当今这个时代的基本文化特征之一，给了我们新的观察和理解世界的方式，进而给了我们一个新世界，让我们由不以人的意志为转移的现实世界进入人的想象构造的超现实世界。"

光怪陆离的游戏世界也给了陈流全新的美学视角：俯视，抑或鸟瞰。在他的《911》"破碎的天空系列""俯山河系列"和"新俯山河系列"作品中，都带有极强的视觉纵深感。

超越技术的技术流

陈流对于技术有种天生的敏感与自信，当笔者询问他"如何可以熟练驾驭水彩、油画这两种材质完全不同的绘画风格"时，他的回答也显得"理所当然"："所谓差异大多只是材料上的差异，美术从技术上来说，主要还是一个造型能力和色彩的主题把控，这一点做好了，驾驭多个画种都不是太大的问题。"

熟悉陈流的人都知道，如果你向他询问某个绘画技术细节，他会马上告诉你使用什么牌子的颜料，是否是拓印等。"技术水平高超，但同时又保持着对技术的兴趣，注重艺术和技术相结合"是对陈流现下状态的最好评价。

"在当代绘画领域，关于技术和观念孰轻孰重的争论一直都有，在我看来，技术流最直观的好处就是，当你想通过绘画来传递一种丰富、复杂的情感时，你可以使用的手段很多。如果过分强调观念，而忽视了技术，你就缺乏一种表达的载体，无论你怎么表达，都会受限制。而我之所以迷恋技术，就是因为只要是我想表达的，我都可以不受限制地把它传递出来。谈技术看似让你的表现力有界限感，但坚实的技术基础恰恰让你的观念表达实现无界限。

"当然，我们也不能从一个极端走向另一个极端，观念的东西也很重要。在这一点上，绘画与文学是相通的，打个比方，文学中的语法、词汇量就是技术，你想讲述一个什么样的故事就是观念，只有观念忽视技术，正如明明知道一个好故事就是不知道如何描述出来；只有技术忽视观念，正如表述能力很强但是不知道该讲些什么，所以技术与观念是不能割裂开来讨论的。

"在快餐文化盛行的当下，大家都太快了，快到无法静下心来积累和训练自己的表达系统。都想在创作上一步到位，这是不正常的。"

什么样的风景，就是画家什么样的心境

云南作为公认的"写生天堂"，吸引着国内外众多的画家前来采风。在被问及"你喜欢去哪里采风"时，陈流的回答有些出乎笔者的预料："比起国内其他地区，我更喜欢昆明周边的、自己工作单位周围的风景。因为只有这样的风景才是每天和我发生着关系的，我每天都在看着它，日出日落，下雨晴天，无论我当天心情如何，我都得在这些风景中行走，这种状态更容易勾起我内心的一些感受。

　　"在我眼中，是有风景和景点之分的。名山大川、名胜古迹是很美，但它的存在与我的作品创作、个人生活没有任何关系，其中并没有我的情感寄托，所以只能是景点的范畴。很多时候，风景是画家内心的一种映射。我画过一些巴黎的作品，那时候是我一个人去法国的工作室待了三个月，在那段时间里，我一个人走在巴黎街头，是非常孤独的，我就把这种情绪通过作品传达了出来，那是一种疏离感，不是人与人的，而是人与风景的。

　　"同样地，我画人也多画身边的朋友、熟人，因为面对一名陌生人，我不知道该用一种什么样的情绪和状态去面对他，也无法解读他内心的感受。无论是风景还是人物，最熟悉的、最习惯的，恰恰也是最容易被遗忘的，正是这些被遗忘的风景才会带给我最充沛的艺术灵感。"

我的色彩系统是一个灰调子

　　与早期色彩艳丽的作品相比，近两年来陈流的绘画风格也在发生着一些变化，变得更加"自然"了：具体表现就是作品中的色块差异非常小。"从绘画教学上来讲，在弱对比的条件下，寻找色彩的统一性和差异性是比较难的，就好比普通人之间的状态是很接近的，要从普通状态中找出微弱的差别和实现情感的传递，对于我们技术流来讲，是一件让人兴奋的、有挑战性的工作。

　　"我的整个色彩系统处在一个灰调子里，就好像我们都是不好不坏的普通人，在性格上也处于一种灰色的区域，但要想表达好单独个体，就要捕捉到性格之间的那一点点差异性。同时，色彩的选择和运用也是我内心感受的一种外显，我希望可以用一种更加平和、直白的心态观察周围的世界，观察普通的人和事，不强调环境的特殊性，就是把这种平常的状态表现出来。所以我现在也在弱化技术层面的一些东西，更加注重内心层面的表达，但弱化技术并不等同于回避技术，这两点必须区分开。"

选择艺术，首先要活得真实一点

作为云南艺术学院美术学院油画系的教授，陈流目前还有少量的教学任务。在谈及目前的艺术教育现状时，陈流说道："近年来，由于大学扩招的原因，很多孩子学习艺术的目的并不纯粹，不少人是为了一纸文凭。这都是错位的一种表现。这其中也包括我自己，所以我希望对即将或正在从事艺术相关工作的年轻人说：要活得真实一点，再真实一点，不要违背自己内心的初衷，这非常重要。"

陈流最近很忙，有四个展览同时在推进，但这种客观上的紧张状态并没有给陈流带来什么影响。"以前会对自己提一些要求，比如，一年要完成多少次展览之类的。现在的我对于未来反倒没有太多具体的规划了，有合适的、自己喜欢的活动就参与一下，没有也无所谓。因为创作已经是我生活的常态了，不必再刻意外显什么了。

"至于自己的绘画，我也不想刻意形成某种风格，因为这会阻碍我未来艺术道路的探索和发展。当你不停地重复现在的状态时，你得到的只是一种熟练，丢掉的是自己对艺术的好奇心，这是一件非常可怕的事情。所以，我会时刻让自己保持一种'意外'的状态，去发现更好的自己。"

写于 2016 年 6 月 7 日

● 罗旭：我是一个顺应自我的人

"实际上，我自己都无法给自己下一个准确的定义。有些人看到我本人后会觉得我比较谦和，其实他们只看到了我的外表，我的脾气并不怎么好。现实中的我有很多身份：厨师、艺术家、老板……这些表述都对，似乎也都不对。罗旭给自己的定义是——"我应该算是一个顺应自我、顺应自然的人。"

罗旭的"怪"在圈内可谓远近闻名：1996 年前，他偶然看到儿子类似蚁巢的涂鸦，便突发奇想，一个人从银行拿着贷款，跑到离昆明 20 公里远的荒郊野岭，指挥民工用石头和土砖盖起一座类似蚁巢的建筑——"土著巢"；1999 年前，他花了 500 元从市场上买回了一个"弟弟"——罗辉，他待罗辉比亲弟弟还亲，而"罗辉"实际上只不过是一头毛驴；一年前，他携带自己的"美腿"系列来到上海，充满原始生命气息和艺术张力的作品把一向挑剔的魔都艺术圈迷得神魂颠倒；2015年年底，当得知自己被授予"新周刊新锐榜年度艺术家"称号时，他却一度考虑不去领奖，因为他觉得"年纪大了，最讨厌嘴巴像啄碎米，嗒嗒嗒说个不停"。最终，他还是决定来领这个奖，因为他觉得"人应该识抬举"……

作为"虽然不在主流艺术之列，却是非主流艺术中常被谈论的一个人"，罗旭谈及自己充满"传奇"色彩的个人经历时，却多了几分睿智的自嘲："几经倒腾，其心仍未看破红尘，但方式愚笨；闭门造车，守株待兔。前后数个十年旅程回看，玩泥巴的时间最长，曾多次想改道，木已成舟，难为他用，只好顺水行舟。"

2016年，罗旭继"土著巢"之后的另一力作——弥勒长塘子万花筒艺术庄园，已经建成并投入使用。此外，他还规划了占地800亩的艺术社区，"计划把中国的文化界人士吸引到这里，在规定的范围里让他们自由发挥建造自己想要的房子，最终成为一座很有特点的建筑博物馆"。

由钓鱼引发的"顿悟"

1996年，被叶永青评价为"集深山荒野传统手工艺匠人及城市书斋纤尘不染浪漫文人两种品质于一身"的罗旭，带着儿子罗刚的创意，凭着对力学概念的直觉判断，口传身教300个工人，屡错屡试，屡试屡错，如蚂蚁筑巢一般，在20亩土地上，花了近一年的时间，用了30万块红砖，建起了属于他的红砖王国，他给这个王国取了一个很形象的名字——土著巢。

但是不久之后，他发现这座凝聚了自己心血的理想王国变成了一个"现实囚笼"："当时我在土著巢里开办文化餐厅，自己既是老板也是厨师，还带着一帮原生态的歌舞团进行艺术创作，一开始是出于一种爱好与激情，也从中收获了快乐，但是很快一切变得非常混乱，无论是经济方面还是精神方面，都处于即将崩溃的边缘。"究竟是做好土著

巢商业平台的运营，还是静下心来做纯粹的艺术？那时候的罗旭痛苦
而纠结。

三年辛劳，只落得骨瘦如柴的罗旭选择"逃离"昆明，回到家乡
弥勒。"一回到家乡，感觉整个人紧绷的状态一下子松弛下来了。"那
段时间，朋友经常邀请罗旭去水库钓鱼，排解心绪。"记得有一次钓鱼
的时候，突然漫天大雪，周围白茫茫一片，那一瞬间我突然有了一种
顿悟，之前困扰自己的心结全部打开了，进入了一种大欢喜的状态。"
就在那天之后，罗旭做了一个决定：与一切经营的东西一刀两断，"土
著巢"也逐渐从一个商业平台演变成罗旭的个人艺术工作室。

"在那之后，我慢慢地结交了很多好朋友，也收获了很多艺术上的
发展机会。我也明白了人应该做好自己眼前该做的事情，不要想着把
所有的事情都揽过来，这会把自己弄得很痛苦。对于名利，我看得很淡，
我只会理想化地去做自己想做的事情。"

凭着这份"理想化"，这个有穹顶、看似密不透风的"土筑巢"成
了昆明的一处经典艺术地标，明星、政府要员、艺术家、作家，有事无
事都愿意到土筑巢小坐片刻，喝上藏区特有的青稞酒，找罗旭聊上一段。

关于"做蛋糕"的理想

走出内心苦闷的罗旭并没有特意回到那个水库，即使路过也不过
是远远地望上一眼。直到有一天，一位曾经的渔友弄了一块地，想请
罗旭回来一起为家乡做点事情。罗旭几乎没有考虑便一口答应下来：
"我最大的理想就是有一天能回到家乡，有个地方可以实现我的一些概
念，进而把这些概念转化为一些有价值的东西，为家乡做出一点自己
的贡献。"当罗旭兴冲冲地赶回弥勒后，他惊讶地发现朋友说的"那块

地"竟然就是自己当初钓鱼的那个水库，"我觉得这一切都是冥冥之中注定的，我一定要全身心地投入其中"。

正是这份对于家乡的起心动念，成就了如今的长塘子万花筒艺术庄园：这是由红砖用错缝的手法在一块长几十米宽十几米的大平台上砌筑起来的三组建筑，看似随意却是经过精心设计的。最大的一幢是内部采用框架结构建造的农垦博物馆，里面展览着很多20多年前，当这里还是东风农场时在里面劳作的右派和知青的一些旧照片以及生产生活的用品。

农垦博物馆的对面和侧面分别是一座500平方米左右、拥有舞台的多功能馆和一座由大小不一、形状各异的厅室组成的艺术馆。这两座场馆的内部功能分区都比较明晰，空间也都非常奇妙和丰富。两幢建筑都是由红砖采用西洋拱圈的方式叠加组合而成的，进去后才发现内部竟然是一个如同欧洲古堡一般的空间，那些组合起来的拱圈最终在屋顶收口自然形成一个个椭圆形的天窗，自然光从这些天窗里洒落下来，在室内形成一条条美丽的光束，置身其中，如临仙境，心也会很奇妙地渐渐安静下来。

"张国立来到万花筒听了我对于这个地方的规划和设计后，非常感兴趣。我问他愿不愿意也投入这个项目的建设中，他非常爽快地答应了。正因为有很多这样的朋友自愿地、不求回报地和我去做这些事情，所以我并没有精神上和经济上的压力。就像我是个厨师，想做一个蛋糕，大家凑钱买原料，我做出蛋糕与大家分享，这是一个非常轻松、愉悦的过程；我希望在未来可以有更多买原料的朋友变成做蛋糕的厨师，这样蛋糕才可以越做越大，才可以为我的家乡留下点东西。"

我庆幸遵循了自己的自然规律

罗旭与众不同、不可思议的创作能量，以及其特立独行的梦想本身，常常会遭到各种议论和评价，他的"腿"系列作品更是自问世之初就饱受"异样"眼光的审视。对此，罗旭本人很不以为然："比如说，我今天很快乐，那我今天的作品传递的就是快乐这一情绪；反之亦然。我不会刻意地加强、巩固所谓的符号感，我只会顺着我自己的情绪和本能去创作。

"就拿'腿'系列作品来说，我的注意力就是在女性腿部纯粹的美上面，我的精力也会全部倾注在如何表达和塑造女性的腿部美上面。当然有的人会理解成色情，但每个人对作品的理解都是不同的，如果你单纯从女性腿部的美感出发，去欣赏它，那么它就是一种纯粹的美，所谓的色情不过是观者的主观意识在作怪。"

无身美腿型生态期，健硕性感的大腿加上三寸金莲的小脚，已成为现在罗旭雕塑的一种"符号"，很多人都建议他继续去巩固、炒作这个符号，这样可以获得很多的经济利益。罗旭却选择中途停止"腿"的艺术创作。"当时，大家都不理解，觉得我是不是有病，这么好的市场为什么突然就终止了？因为一次在我回家的时候，恰逢晚秋，家里的花都开始凋零，我看后受到了启发：万物都有盛开和凋零的时候。什么事物都没有必要让它一直很繁盛，它也应该经历由盛转衰，继而复苏的过程。

"就个人而言，我就觉得'腿'这个系列已经很成功了，没有必要再做下去了，所以我又重新去创作其他作品。我现在做的所有作品都是阶段性的，不是持续性的，就像万物生死枯荣一样。对我来说，这就是遵循自己内心的一个自然规律，艺术创作也应该顺其自然。"

你不受压力的干扰，你就没有压力

在云南，当地艺术家把罗旭的雕塑和杨丽萍的舞蹈《云南印象》，并称为云南两大"国宝级艺术"。但在很长的一段时间里，罗旭的创作风格都很难被收藏市场的主流审美所接受，在被问及"自己的才华是否被市场埋没"的问题时，罗旭说道："任何一个市场化的机构都需要经济回报。但我却并不会去迎合他们，比如说，他们在做展览的时候，叫我配合他们去做一些能增加经济收益的事情，但这些事情恰恰是我不愿意去做的。所以这个也不能说是市场埋没你，我觉得是自己在埋没自己。我不是贪财的人，只要有饭吃，有事做，有朋友支持我就满足了。至于是否埋没自己我并不在意，这个主动权其实在我这里。"

在谈及"艺术创作如何应对市场化压力"时，罗旭的回答很简单："这是艺术家群体共同面临的一种压力。这种压力跟艺术创作本身无关，跟作品水平无关，这一切都是市场所操控的。如果不去受这个压力的干扰，你就没有压力。因为市场的压力不属于艺术家的压力，它属于画廊、收藏家的压力。"

新周刊"年度新锐榜"组委会给罗旭的授奖词：他一生都在抒写"退步集"——退出主流，退向民间，退向自然。这位"云南的高迪"以无法为法，以自然和野性为师，筑了蚁巢，堆了巨乳，造了女腿如林的乌托邦。他的土坯是他的艺术宫殿，野生的光从天而降；他的陶俑合唱团大音希声，嘲笑着石屎森林。在艺术的门外，他任性、自在、自觉地活着，穴居娱情，抟泥寄怀。

写于 2016 年 9 月 6 日

● 荣宏君：傲骨郁作梅树根，奇才散作梅树花

丹青、收藏、文史研究，是他的文化坐标；善良、坚忍、不磷不缁，是他的自我表达；梅花、著书、文脉求索，是他的精神家园。他是荣宏君。

不久前，笔者在跟一位朋友吃饭时，聊起了山东。朋友说山东人的文化密码是藏在文字中的。就拿山东的代称"鲁"字来说：上鱼下口，意思是这里的鱼很好吃，所以把这里简称为鲁。

后来，人们发现这个地方的人，耿直、直率，就把这种性格，称为鲁的性格。于是，"鲁"就有了直的意思。"鲁直"，成了一个词组。也正因为如此，先贤造字之时，给"鲁"加上"木"的偏旁部首，"橹"代表摇船的木桨。因为船桨必须是直的，而鲁地的人，就代表直。一直以来，"直"就是山东人的本色。

从鲁西南走出来的荣宏君便是一位"性趋直"的山东汉子。

他画梅，顺来逆去，曲中求直，清俊之中带有冷逸孤傲之气。

他治学，直面疑惑，去伪存真，时时事事追根溯源，一字一句皆有来处。

他为人，直心好义，穷且不坠青云之志，达存兼济天下之心。

荣宏君的老师，当代著名学者、史学家、文物鉴定家史树青先生曾这样评价自己的这位学生："志于道，据于德，依于仁，游于艺。观之宏君，可谓称之矣。"

荣宏君的老家山东曹县，古称曹州，自古便是人文荟萃之地，时至今日，耕读传家的思想仍然在这块民风淳朴的土地上代代传承。

家乡对于一个人一生的影响常常是润物无声的，就像荣宏君儿时夜晚听说书人讲的《三侠五义》《说岳全传》，农闲时听乡亲们哼唱的典雅古朴的柳子戏……这些厚重的乡土滋养，是需要时间来慢慢体味的。

用荣宏君自己的话说就是："这些艺术养分为我的人生打了底，就像《红灯记》中李玉和的念白：妈，有您这碗酒垫底，什么样的酒我全能对付！我觉得，家乡的传统文化烙印和在家乡感受到的艺术启蒙及滋养，就是我人生的那碗打底的酒。"

都说艺术源于对生活的感悟，对于荣宏君来说，这份感悟有些太过沉重：幼年，父丧家贫，高中毕业，北上求学，后因家中重负，又不得不辍学养家。为谋生，他摆过书摊，开过饭馆，奈何骨子里就是文化人，学不来商人的精明和狡黠，最后只得惨淡收场。

谈及往昔的困苦，荣宏君只用一句"那是一段特别难走又不得不走的路"便轻轻揭过。这种云淡风轻的背后自有一份冷暖自知的坚持。

"我感谢我的母亲，她只读过两年小学，不认识什么字，但她的勤劳坚忍是我们家最强大的后盾，直到现在依然是。我也是在我母亲身上学到了人生最重要的两个字：责任。这份责任，对待家国天下莫不如此。从好好照顾家人到有余力帮助别人，再到传承传统文化，都是一种责任。有生之年，我都会不遗余力。"

忽然一夜清香发，散作乾坤万里春

即使生活最为潦倒落魄之时，荣宏君也从未放弃对于艺术的求索。1999 年，在朋友的引荐下，他结识了生命中第一位"伯乐"——著名国画大师关山月老先生。关老看了荣宏君的画后对他说："术业有专攻，你的画，题材太多，不如专攻一项。"醍醐灌顶之下，他想起失学时院子里独放的那枝蜡梅，就画梅花吧！

出于对关老的敬仰之情，荣宏君早期画的梅花走的是关老的路子。直到 2005 年，史树青先生的一番话让他开始思考如何走出自己的路子："你可以学习'关梅'，但要学笔墨，构图也一味模仿的话，就成复印机了。"

为了另辟蹊径，他从古人处着力，远溯南宋杨无咎、元末王元章，明清徐文长、汪巢林、金冬心，近取吴昌硕，又再借鉴石涛、罗聘等，临摹竹石、荷花，将体悟到之笔墨用于梅上。十载过去，如今荣宏君画梅再不求几枝几朵，但求"画梅而不见梅"，脱离具象，画出了自己的风骨。

观荣宏君之梅花，或片片凝红朵朵玲珑，或如满树堆雪，精细而怒张，疏密有致，富于节奏之变，使观者仿佛置身于月色轻笼、花影横斜的意境之中。

梅之幽香，梅之清奇，梅之傲骨，已经成了他身体的一部分。他与梅，彼此相惜，彼此守望，梅之精神已经融入他的血脉，在他笔下，梅也有了隽永恒远的生命力。

"梅，不屈于风雪，凌寒独自开，仿佛是我内心的某种写照，梅和我就这样结下了一世之缘。我画过很多梅，傲雪的梅、迎春的梅、孤独的梅、盛放的梅，为了更为细致地观察梅，我去过很多地方寻梅。比如，我曾多次到过昆明问梅，黑龙潭的唐梅我看过多次，也多次到西山华亭寺为白梅写真，受益无穷。"

正是这份对于梅魂的深刻理解，让荣宏君的梅花不仅绽放在人民大会堂，还多次作为国礼赠送给各国政要和国际友人。在被问及画梅多年有何体悟时，荣宏君答道："梅之世界，自有乾坤。我中有梅，梅中有我。我对梅花的理解，可能源于我对人生的理解，也可能是我自己的变化也融入了其中。这最好交由别人来评价吧。"

除了在丹青上精益求精，荣宏君还是一位低调的收藏家，特别是对民国时期的文化艺术有着浓厚的兴趣和独到的理解。

在被问及为何对这段历史感兴趣时，他的回答是："有人说，历史是任人打扮的小姑娘，这句话中透着很多戏谑和无奈。如果说研究年代久远的历史文化有雾里看花的感觉，那么民国史距离我们那么近，就可以擦掉那片挡着我们的浓雾了。

"而且，民国那短暂的历史中又承前启后着几千年的传统文化与外来文化，是交融碰撞最为激烈的时刻，可谓星河灿烂。相信除了我，很多人对那段文化也充满着好奇。很荣幸，我能够走近那段文化，聆听先贤的心声。"

在民国众多的文化元素中，荣宏君对文人信札情有独钟：徐悲鸿写给周扬的信、王世襄的藏品抄家记录、张伯驹 1968 年的"反省体"的日记……这些珍贵档案都是被他从废品收购站打捞出来的，免遭化为纸浆的厄运。

念念不忘，必有回响。一封封陈旧残破的信札，如同一根根华丽的丝线，将散落在文化沙滩里的粒粒珍珠缀成一条条美丽的项链，使其成为一件件完整的文化事件，让一个个渐行渐远的背影重新变得鲜活起来。

"我的业师史树青先生是著名的学者，尤其是在考据学方面深有研究，我也受他的影响，很早就从事信札、档案的收集整理。因为信札里有最能反映当时当地的情景，有最真实的声音，没有半点矫饰。

"另外在这些书信中，文人学者对某些事或人直抒胸臆，发表自己的看法，这在当时的正史中可能根本没有记录或者体现，我就把这些遗落的历史尽量还原出来、书写出来，也算对史学研究做一点小小的贡献吧。"

画家的感性浪漫与学者的理性严谨

近年来，他先后出版了《世纪恩怨——徐悲鸿与刘海粟》《烟云俪松居——王世襄珍藏文物聚散实录》《季羡林说佛遗稿汇编》及《徐悲鸿与刘海粟》（增订版）等诸多文化专著，为研究中国近代文化史填补了一个又一个空白。

为纪念恩师而特别编撰的《文博大家史树青》一书也由上海三联书店出版发行。2017年，他更是受邀登上央视的《百家讲坛》主讲《国宝传奇：张伯驹》，节目播出后，获誉无数。

荣宏君做学问，传承的正是史树青的精神。写王世襄、写徐悲鸿、写刘海粟，甚至写史先生，讲究的是去伪存真，沙里淘金，时时事事追根溯源。"史先生教诲，每一句话、每一个字都要有出处，写1000个字，要查1万乃至10万字的资料。

"我在2017年的央视百家讲坛主讲《国宝传奇：张伯驹》，在准备第八章《雪江归棹宋徽宗》时，其中讲到明代的学者王世贞和他的父亲监察御史王忬，对于'忬'字的读音犯了难，这是一个多音字，有人读 shū（同'舒'字），也有人读 yù（同'豫'字），怎么办？

"央视是一个面向大众传播的公共平台，我不能因为我的一个错误读音误导了大家，所以我就请教了明史学会的专家，搞文字学的教授和搞训诂学的朋友，几经辗转，最后找到一本乾隆版的《明鉴会纂》一书，书上有关王忬的记载明确标音为（'豫'），最后终于确定'忬'字古通'豫'。

"最近在央视录《翰墨风骨郑板桥》，也遇到了类似问题，第五集讲郑板桥在山东范县'鸣琴而治'的故事，其中要讲述'鸣琴而治'的由来，自然要提到宓子贱。因为我曾经有个朋友姓'宓'，读音一直为 mì，我就从不疑处质疑，查古典籍，请教相关专家学者，最终确定读音为 fú。"

在荣宏君身上，画家的感性浪漫与学者的理性严谨这两种看似截然不同的气质融合得天衣无缝。在被问及个中的诀窍时，其答道："感性理性相结合，这是任何行业都需要具备的。有时候并不需要刻意调和，我觉得它们之间是互相协同、彼此扶持的。"

人先必有品格，否则落墨无法

从身世坎坷的青春少年到誉满海内的学术名家，荣宏君的奋斗经历比任何一部励志电影都要来得传奇。他的画室里挂了一副楹联：隐身免留千载笑，成书还待十年闲。

回望自己走过的路，他最大的感触是："人先必有品格，否则落墨无法。做字先做人，人奇字亦古。这是讲艺术创作，更是讲人品人格的重要性。做自己喜欢做的事情，做堂堂正正的人，更不要怕没有课题做，留心处处皆学问。另外，千万不要着急，尤其在这个快节奏的社会,慢一点,留点时间听听自己心里的声音。"

对当下的年轻人,他的建议是:"要坐得住冷板凳,不要急于出书、急于成名,生活不会亏待每一个真诚付出的人,当然也不会放过那些投机取巧者。"

曾几何时,荣宏君被笑称为"体制外的独行侠",没有单位作为后盾,没有资金作为支持,唯有一股子对文化的热爱、对艺术的执着。

如今,荣宏君已经有了一连串耀眼的头衔:全国青联常委、中国作家协会会员、中国美术家协会会员、全国青联文化艺术界副秘书长……

笔者开玩笑地问他:"你觉得自己进入体制内了吗?"他反问:"体制内外的标准如何界定?如果非要给自己的身份下一个定义,那么我应该是一个新阶层人士。所有身份、头衔,对于我都是附属品,我还是我,还是那个喜欢吃家乡的馒头大葱,忙起来一天只能睡三四小时,回到家乡遇到长辈,坐到桌子末端为他们斟酒,听他们聊上古传奇的孩子。"

写于 2019 年 1 月 21 日

● 孙建东：用画笔记录生活的感动

"任何好的艺术作品都是画家的真情流露，只有画家亲身感受与亲身体验过、触动自己灵感的事物，才能准确、贴切地表达出自己的情感。云南这片美好而神奇的乐土给了我无尽的艺术灵感，我只是用画笔忠实地记录这种源于生活的美好与感动，再用自己的方式描刻出来。"

在中国画坛，说到画孔雀，自然首推已故的国画大师袁晓岑先生。袁先生首开描绘野生孔雀的先河，将孔雀的华贵与野逸和谐地统一起来，其开创的写意孔雀画派，成为中国花鸟画的一座高峰。而紧随袁先生之后，在国画孔雀题材的创作中执牛耳者，当数袁先生的得意弟子——第六届云南省美协副主席、云南艺术学院教授孙建东先生。

难能可贵的是，尽管有恩师珠玉在前，孙建东先生并没有逡巡不前，而是在继续袁派写意风格的基础上，推陈出新，形成了自己独有的艺术风格。借用中国美术家协会理论委员会副主任马鸿增先生的一句评语："孙建东教授不仅孔雀画得好，梅兰竹菊、藤蔓荷莲、鸡鸭马牛，无不笔墨生动，功力淳厚。特别是人物画成就不凡，但往日被孔雀画名所掩。"

作为云南国画"第一人"，孙建东先生为人低调谦逊，人品画品俱为业内所称道。笔者对孙先生仰慕已久，终于在日前有幸与孙先生进行了一场有关艺术却又不离生活的有趣对话。

被家庭熏陶出的绘画天赋

与不少画家"阴错阳差"走上绘画道路不同，孙建东自小就对画画情有独钟。其父孙彦理生前为基督教主教和华东神学院院长，同时也是一位资深的书画鉴赏家。"可以说，我是在教堂里长大的，从小就接触到宗教绘画，其中不乏达·芬奇、米开朗琪罗、拉斐尔等世界艺术巨匠的作品，这应该算是我最初的美学启蒙，也让我对中西美术融合有了朦胧的感官认识。"

孙建东这份"被家庭熏陶出的绘画天赋"很快便展现出来："幼儿园时，自己已经是画画最好的孩子了，多次被老师表扬。尽管属于小孩子的瞎画，但给我一个很好的暗示和鼓励，自己对于绘画的兴趣也越来越浓。"小学二年级时，孙建东就开始临摹徐悲鸿大师的骏马作品，"当时用的是铅笔，纯属自己摸索，在造型能力方面还算比较突出"。小学三年级，孙建东就承包了学校的黑板报，从文字誊写、刊头设计到装饰花边、插图绘制，这个无师自通的孩子所展现出的美术才华让老师们惊叹不已。

"因为小学是一家民办学校，各方面条件都比较差，也没法得到绘画上的专业指导。后来我考入上海市黄浦区重点中学——光明中学，整所学校的师资力量非常强，我也有幸遇到了自己的启蒙老师石叔良先生。"石老师也是自学成才的典范，而且多才多艺：身兼生物、美术两科教学，同时还擅长京胡、绍兴戏。他对于艺术和生活的态度对当时还年幼的孙建东产生了深远的影响。"我跟随石老师学习了两年时间，开始系统、正规地学习绘画的基础知识与技能。"

被绘画温柔的苦难岁月

"其实在中华人民共和国成立前夕，有一位美国传教士非常欣赏我父亲的为人，邀请他去美国，但我父亲最终坚持留了下来。这份爱国情怀对我们兄弟姐妹的影响很大。"1969 年，孙建东"上山下乡"插队云南西双版纳勐海县。从繁华热闹的大都市来到贫穷落后的边疆村寨，这种生活环境的剧烈变化足以摧毁一个年轻人对于生活的信心。"当时很多跟我一起来的知青，怨气都很大，感觉生活没了奔头，劳动之余都是睡觉、发牢骚或者谈恋爱。"最开始，孙建东也有过迷惘，但很快，云南秀丽的风光和迷人的少数民族风情，让他找到了新的精神寄托。

"那时候自己就拿着速写本，到处画画，那些负面的情绪就通过画笔慢慢被排解了。"也就是在那段岁月里，彩云之南的山山水水和风土人情深深地烙刻在孙建东的脑海里，成了今后漫长的岁月中取之不尽的灵感来源。"除了绘画，我还在上海市黄浦区少年宫红领巾合唱团唱过三年合唱，边疆少数民族地区的政治环境相对宽松，劳动之余还可以哼几段自己喜欢的歌，再加上自己还会吹笛子，所以生活条件虽然很艰苦，但精神世界是非常充实的。

"当时的插队政策是：我来云南了，弟弟妹妹们就可以留在上海，这也算是我为家庭做出的牺牲。所以，家人一直很挂念我在这边的生活，为此，我一周给家里写一封信，报喜不报忧。"

渐渐地，孙建东发现只凭文字很难准确地描述自己的生活状态，他想到了一个新的写信方式：画插图。这种简单直观又妙趣横生的家书，一寄到上海就在知青家庭圈子里引起了轰动。"不少知青对于生活自暴自弃，也很少给家人写信，所以很多知青家长都会通过我的来信了解孩子在云南的生活状态。"这些带着画的信后来被孙建东的老母亲珍而重之地收藏起来。

通过这种"画信"的方式，孙建东的绘画一直没有荒废下来。他还经常为当地的傣族老乡画人物肖像，很快，"勐海县有个画画很厉害的年轻人"的消息传播开来，引起了当地公社及县领导的注意。"由于县文化馆没有专业美工，我就作为人才被调入了文化馆，也提前从繁重的体力劳动中解放出来。

"虽然县文化馆的工作也很多，但首先伙食改善了，其次还可以读到很多书，也有专门的绘画工具和纸张了，作为一个二十出头的年轻人已经感觉非常幸福了。后来，县文工团要组织下乡演出，需要舞台布景人员，就向县文化馆借调美工。当时主要演出样板戏，自己之前也没有舞台布景的经验，全凭自己摸索，后来生生把整场《红灯记》的布景琢磨出来了。再加上自己能唱几句，还会乐器，文工团的领导非常喜欢我，结果临时借调变成了长期借调。"就这样，孙建东跟着文工团走村串寨，把整个勐海县都转遍了，画了大量的速写作品，也为将来的创作打下了深厚的基础。

被《云南日报》刊登的高考作品

"恢复高考时，我对于考取专业美术院校可以说是信心满满的。"早在 1975 年，孙建东的一幅名为《我画叔叔栽秧忙》的水粉年画作品就被当时的云南人民出版社收录出版了。"看到自己的画成了印刷品，那种兴奋是现在的年轻人很难体会的。当时没有什么经济意识，也没有稿费，出版社给我寄了 30 幅作品印刷品（样书）作为回报。"从那时开始，孙建东开始与出版社建立了合作关系，以后每年都会出版一套年画。其中，一幅《五好家庭》的年画作品还入选了第四届全国年画展。

"恢复高考的第一年，竞争是非常激烈的，我记得很清楚，整个西双版纳就有 82 个报考美术专业的，而录取名额只有五个，除了我之外，其他四个人也都是知青，其中就有云南艺术学院的张志平院长。"当时的考题名称是"十月的胜利"，要求以粉碎"四人帮"为内容创作一幅作品。"虽然自己之前没怎么画过石膏像素描，但是凭借直觉，自己对于写实、色彩的运用还是比较强的。"孙建东完成了一幅描绘十几个民族载歌载舞，庆祝粉碎"四人帮"的国画作品，后来，这幅作品作为优秀高考作品刊登在《云南日报》上。

最终，孙建东如愿考入昆明师院艺术系（后艺术系独立成为云南艺术学院）。"全班有 38 名同学，都是从全省考出来的绘画尖子，大家都很珍惜来之不易的学习机会。由于自己当时已经刊发过作品，加之年长几岁，就被选为副班长、系学生会副主席。后来，又分为国画、油画、版画三个小班，我又被选为国画班的班长。"在师大学习期间，孙建东遇到了影响他一生的恩师——袁晓岑教授。"我跟随袁先生学习了九周的时间，时间不长，但收获良多。"除了袁教授，孙建东还机缘巧合地遇到了另一位老师——绘画大师刘文西先生。孙建东笑称"刘先生是被中国老百姓收藏作品最多的画家"，因为他就是新版人民币上毛泽东头像的创作者。

"当时刘先生要去西双版纳写生，校领导就推荐我们国画班的十几个同学陪同刘先生一起前往西双版纳。在与刘先生相处的两个多月的时间里，真的是受益匪浅。"凭借良好的表现，经袁晓岑教授钦点，孙建东毕业留校担任袁教授的助理兼助教，也正式开始了对于袁派写意的系统学习。

"如今回头看，我非常感恩老师为我铺陈了这么好的一条道路，我也完成了从学生到老师的蜕变。"就这样，孙建东在一线教师的位置上勤勤恳恳地工作了几十年，"中间不是没有外来的诱惑，但自己还是选择了坚守。"

被老师激励出的孙氏风格

如何重师承，又能在画坛上找到自己的位置，是孙建东多年来艺术实践的一个重要课题。"袁先生在画孔雀方面下了很大的功夫，形成了广为人知的艺术风格。一开始，我也是从临摹先生的作品开始，可以说已经达到了乱真的程度。但古话说得好：取法于中，仅得其下。艺术还是要有独创性的，如果学生都以老师为范本，不敢越雷池半步，那么艺术也谈不上发展。袁先生也非常鼓励我寻找自己的风格，希望我可以青出于蓝而胜于蓝，这是恩师对我的殷切希望，也是一种巨大的压力。

"我决定从生活中汲取营养，在写生中观察对象，从细节入手，形成自己的创作风格。譬如，袁先生绘制孔雀眼睛以黑色为主，周围用赭石色勾勒，是一种写意的表现手法。而我画人物比较多，善于刻画眼神，就想先从孔雀的眼睛上做文章，选择用中黄色描绘孔雀眼睛的虹膜，替代以往的暗褐色，这样整个眼神就明亮了起来。此外，袁先生对于孔雀翎毛的处理手法是一种精练的大写意手法，而我在翎毛的处理上更加写实，颜色更加丰富，在墨底子上加色彩，这样就比较符合大众审美；同时，我也吸取了其他前辈画家的绘画手法，融合到孔雀创作中，这种创作风格也得到了社会各界的认可与赞扬。应该说，我是在袁派写意的技法上加以丰富，将来的创作风格也许还会有变化，在艺术上，我不会为自己设限。"

孙建东在构图方式、造型结构、画境营造、笔墨语言、环境意识诸多方面，进行了全方位的探索。终于形成了"突出写意，风格多元，设色厚重，追求俏、美、灵交融"的孙氏画风，给人一种"直造古人不到处"的震撼力和大气感。袁晓岑大师对弟子孙建东赞赏说："建东的花鸟画题材很广，花卉翎毛、走兽鱼虫皆能跃然纸上，且笔墨流畅、秀美沉雄，充满健康向上的活泼生机。"这种赞赏，对于很少论及他人艺术成就的袁先生来说，是很少见的。

被理想充实的退休生活

作为云南省四届政协委员、三届政协常委、政府特殊津贴专家，孙建东退休后的生活依旧过得忙碌而充实。"自己还是想为云南的国画事业做一点贡献。"孙建东名师工作室是云南省教育厅首批挂牌的艺术类高校名师工作室，相当于一个重点学科。"今年还是计划招两名研究生。"除了正规的教学工作外，孙建东还有几个跟随他十几年的老弟子，作为旁听生一起授课。令人意外的是，孙建东教授校外学生不收取任何费用，这在如今的艺术界实在难以想象。"我选择弟子，首先要人品好。人品高，画品才会高，这是做艺术的基础。"

除此之外，从 20 世纪 80 年代开始，孙建东就一直为云南省老干部书画协会义务教授绘画课程，迄今已经教了 30 年。"老干部走了一批又一批，自己也从一名青年教师变成了老教师，但是只要自己精力和时间允许，还是会坚持做下去，让更多的老年人可以通过绘画陶冶情操，保持身心愉悦。"

在问及孙老未来的规划时，他说："自己已经在昆明省博、上海美术馆举办过大型作品展，下阶段希望在北京中国美术馆再举办一次展览；此外，希望自己可以在 70 岁、80 岁、90 岁甚至 100 岁时再各举办一次大型的作品回顾展，一定是件很有意思的事情。"

笔者想起清朝画家郑板桥说过这样一句话："画到神情飘没处，更无真相有真魂。"孙建东先生一生创造不停，佳作迭出，却不事张扬，正是达到了郑板桥所说的这种脱俗超凡的艺术境界。就如同他的为人一样，让人真正体会到了人品、文品合一的师者风范。

写于 2016 年 8 月 15 日

● 奶奶海冰：艺海沉浮，冰心永驻

2016 年 12 月 26 日，是笔者奶奶海冰女士 90 岁的生日。在笔者眼中，她是一个慈祥的长者，一名睿智的朋友，一位胸怀坦荡、荣辱不惊的艺术家。

她是云南舞蹈界的一面旗帜，曾代表云南进京接受毛主席、周总理的接见；她是第一个将孔雀舞搬上舞台的舞者，让这种傣族民间舞中最负盛名的传统舞蹈登上了大雅之台；她革新了白族舞蹈的基本动作，至今仍被学习白族舞蹈的人奉为经典……奶奶的一生跌宕起伏、充满了传奇色彩。

挣扎求生的童年时光

1926 年 12 月 26 日，奶奶出生在江西南昌一个书香之家。尽管家境并不算差，但对一个重男轻女的家庭来说，女孩的出生实在算不上什么喜事。于是，仅仅在出生不到 40 天后，奶奶就被送到亲戚家做了童养媳。

"婆家之前一连生了几个孩子都没活下来，算命的说我福气好，可以帮助他们家转运。说来也怪，自从我去了他们家后，真的陆续生下了几个健康的孩子，其中一个就是我名义上的'丈夫'。"如今回忆起当年那段时光，奶奶的语气里听不出什么怨怼之气，"父亲很早就去世了，家里又有七个孩子，母亲一个人维持也很艰难，我谁也不怪。"

又过了几年，"小丈夫"进了学堂，作为陪读的奶奶也开始读书、识字。"他的叔叔婶婶在南昌一中、女中读书，经常会带一些进步书籍回家，看得多了，心中也渐渐萌发了反抗的意识。"

虽然婆家待奶奶算不上刻薄，但寄人篱下的日子终究是难熬的。十几岁时，她听说母亲去了赣州教书，便央求婆婆允她去看望母亲。"当时就只有一个念头：这次出去就再也不回来了！"回到母亲身边的时光并没有想象中的温馨，毕竟母女分隔10余年，疏离感淡淡而坚固地弥漫在两人之间，但终归是自由了！

"那时候还不懂什么叫自强自立，就是下意识地告诉自己：要活下去！"说到此处时，一向豁达乐观的奶奶还是有几分微微的哽咽。

第一批进昆明城的解放军

抗日战争胜利后，奶奶的母亲便把她们姐妹几个都送入了当时的瑞金师范。很快，奶奶在艺术上的天赋便展露了出来：唱歌、跳舞、表演样样出色。后来，全家返回南昌，奶奶进入南昌女师继续学习，因成绩优异，毕业后留校担任南昌女师附小的教师。

1949年年初，解放军进入南昌，军代表到奶奶所在的学校进行参军动员。经过审慎的思考，奶奶毅然投笔从戎，背着家人于同年6月加入了中国人民解放军二野四兵团文工团，成为一名光荣的解放军战士。自此，奶奶的人生也掀开了新的一页。

"那时候怕家里人不同意，找到部队里来，就想干脆改个名字吧！我的父亲姓涂，母亲姓梅，就用'涂'字的左半边和'梅'字的右半边组成了一个'海'字，又觉得女孩子要冰清玉洁，就有了海冰这个名字。"

奶奶随着部队从南昌出发，一路挺进大西南，在这个过程中，奶奶学会了打腰鼓，一边行军，一边宣传政策、教育群众，虽然很是辛苦，心里却是无比的快乐。1950 年 2 月 20 日，陈赓、宋任穷率领人民解放军进驻昆明，奶奶打着腰鼓走在队伍的最前列，成为第一批进入昆明城的解放军。

邀请朱总司令跳舞的云南姑娘

1951 年，文工团整改，奶奶被分配到歌舞团舞蹈组，由于工作负责、训练刻苦，领导让她担任领导组组长，她带领全组编排了众多深受部队战士喜爱的节目，被授予三等功，还获得了在军旗下照相的荣誉。

"前一天还在西双版纳演出，第二天就接到通知被选送到西南军区舞训班学习，结果直接坐着军用飞机飞去了重庆，再转车到了成都。"奶奶非常珍惜这次学习机会，训练起来也丝毫不惜力气，加之动作标准，很受授课的朝鲜老师的喜欢。

不久，全国总政舞蹈训练班成立并面向全国招生，奶奶被直接推荐到总政舞训班的芭蕾班学习，并被同学们推选为副班长，这两次学习机会，使奶奶在舞蹈业务上有了巨大的提升。

凭着优异的表现，奶奶代表舞训班参加了中华人民共和国成立五周年的文艺大军国庆游行。同年春节，又受邀参加中南海联欢晚会。于是，就有了至今仍让奶奶很是"得意"的一个小故事："晚会的气氛很热烈，大家都在舞池中跳着舞，突然，管弦乐变成了民乐，很多同志都安静地坐回座位上。我就问出了什么事。他们告诉我：朱德总司令要来了，大家正在排队等待接见。一听我就傻了眼，自己后知后觉，队伍已经排出老长了，猴年马月才能轮上我啊？

"我灵机一动，若无其事地向朱老总的休息室走去，刚到门口就被警卫拦住了。朱老总听到动静就问：谁在外面？我赶紧大声说：我是云南女兵！朱老总请我进去，他说'我曾经在云南蒙自打过游击'……当音乐声再次响起时，我鼓起勇气说道：'朱老总，我能请您跳支舞吗？'朱总司令欣然接受，跳完之后我就受到了同行战友的'围攻'，我只能说：'对不起，对不起，我是从边疆来的，也许一辈子就只有一次这种荣幸了……'这才'逃过一劫'，哈哈！"

不受世俗所累的神仙眷侣

1954 年年底，奶奶学成返回云南，进入昆明军区歌舞团工作。在这里，她遇到了钟爱一生的伴侣——我的爷爷。回忆起与爷爷相识相知的过程，奶奶依然如同一个小女孩一样羞涩而甜蜜："我跟他是一个团的同事，用现在的话说，你爷爷就是一个'暖男'，很会照顾别人，有困难他上，有好处他让，当时我就觉得这个男孩的品德怎么会这么高尚！慢慢地，我就爱上了他。"

当奶奶和爷爷确定恋爱关系时，也受到了来自各方的压力：一方面是唯出身论的威胁，前途未卜；另一方面奶奶的不少同事都出于"革命"需要嫁给了军政高官，风光无限。很多人都劝奶奶要慎重、要冷静，但最终，她听从了自己内心的声音，选择忠于爱情。

在后来的岁月里，大家担心的事情一一应验：爷爷显赫的身世和耀眼的表现，让他成了每一次运动的"牺牲品"，受尽了屈辱和折磨，而奶奶却始终陪在他身边，没有怨言，不离不弃。哪怕是她艺术生涯最辉煌的时期，也从没动过"划清界限以自保"的念头："爱情可以保持浪漫，婚姻必须经得起考验。"爷爷临终前握着奶奶的手说了这样一句话："海冰，感谢你给了我幸福的一生。"

白族舞蹈的舞台奠基者

后来，昆明军区歌舞团分成两个团，由 13 军、14 军代管，奶奶被划入了 14 军，来到大理，担任辅导员。在此期间，她多次深入版纳、德宏等地采风，编排了一系列优秀的舞蹈作品，受到了社会各界的一致认可。

1958 年，奶奶面临生育转业，考虑到自身的实际情况，决定干回老本行——教书。此时听到消息的大理歌舞团急忙找到奶奶，诚恳地邀请她加入，最终他们的真诚打动了奶奶，奶奶抱着刚半岁的女儿来到大理歌舞团工作。

当时的大理歌舞团刚成立不久，无论是演出水平还是观众群体，都可以用惨不忍睹来形容。为了向即将到来的新中国成立十周年献礼，奶奶带领歌舞团深入基层、群众、少数民族地区，创作了一台献礼节目，其中反映白族婚俗中送亲、迎亲、婚礼、祝贺情景的舞蹈《喜事》横空出世，震惊了当时云南乃至全国的舞蹈界。

该舞蹈以白族巫舞和霸王鞭为主要素材创作而成，奶奶通过保留巫舞和霸王鞭舞中的颤动，加以重组，让步伐连续移动，并配以《绕三灵》中领舞者和羊皮鼓舞中均有的右手甩动手巾的动作。这一创新的舞蹈语汇，表现了白族人潇洒、自豪、向上的精神风貌和民族性格，不但在舞蹈风格上保持了白族舞蹈的特征，还强化了这一特点，一经推上舞台，立即受到专家和群众的喜爱，并被广泛运用，如今已经成为白族舞蹈中的基本动作。《喜事》由此获得全省会演一等奖，并作为云南省向新中国成立十周年献礼的六个节目之一上京演出。

此外，历史悠久的弥渡花灯艺术也成为奶奶重点研究的对象。奶奶受老花灯《猜花》的启发，创作了花灯歌舞《诗花山茶相映红》，运用双扇，边舞边唱，活泼热闹、妙趣横生，也在省里会演时获奖。

奶奶另一部备受好评的作品《为钢而战》，也成为那个特殊的年代中，一名艺术家如何在时代背景与艺术审美之间做好平衡的典范。当时的省文化局局长看过演出后，曾感慨地说："表现大炼钢铁的节目几乎家家都有，几乎都是在台上放炼钢炉，只有大理的《为钢而战》别出心裁，用红绸表现钢水，灵动的红绸宛如钢花怒放，震撼心弦！"

更加值得一提的是：在奶奶的大力发掘下，孔雀舞这一傣族民间舞中最负盛名的传统舞蹈也终于登上了新中国的舞台，至此一发而不可收，名家辈出，成了云南舞蹈最具识别性的文化名片之一。

在创作出一系列高质量的作品后，1960 年，奶奶受邀出席第三届中华全国文学艺术工作者代表大会，与梅兰芳、白杨、王晓棠等名家一起，接受了毛主席、周恩来、陈毅等领导的接见。

黑暗岁月，矢志不移

正当奶奶迎来艺术生涯的巅峰时，"文革"开始了。奶奶被污蔑为"反动学术权威"和"走资派"被打倒，这几乎葬送了她的艺术生命。

但奶奶凭借往日的与人为善、乐善好施，被群众悄悄"保护"了起来。

后期，奶奶被下放到大理州纺织厂做工人，当很多人都担心她会就此一蹶不振时，奶奶却带领一群新结识的工人朋友演出《白毛女·山洞》，夺得了省文艺会演的一等奖。

后来奶奶又被借调到滇西纺织厂，通过深入车间参加劳动，又编排了一台晚会，其中用芭蕾素材创作的《纺织工人之歌》和根据白族素材创作的《片片香茶献亲人》，更是轰动一时，由于表现突出，滇纺的组织部门甚至请奶奶出任子弟学校的校长。

说起那段不堪回首的岁月，奶奶表现得淡定从容："一个人可以在肉体上被打倒，但精神上必须保持独立与尊严，可以熬过来，一来是感谢艺术给予我的润泽和抚慰，二来便是大理的山山水水给了我生活下去的勇气与热情。在大理的 17 年，是我最有艺术成就的 17 年。"

老骥伏枥，志在千里

再后来，奶奶随爷爷一起调到楚雄云南机器四厂工作，结束了八年的分居生活。1977 年，奶奶为纪念周恩来总理创作的大型晚会《周总理永远活在我们心中》，更是被誉为"云南版的《东方红》"，一年后奶奶被调回昆明。至此，她终于可以享受真正意义上的静好时光。

如今，赋闲在家的奶奶并不肯虚度时光，虽然不能再在舞台上绽放光彩，但她拿起笔，用一篇篇的刊载文章体现着人生的另一种价值。望着奶奶充实而宁静的背影，笔者经常会反问自己：待自己韶华老去时，是否如她一般优雅淡定？

写于 2017 年 1 月 17 日

● 田静：与建水紫陶的不解之缘

英国作家亨·哈·埃利斯曾在自己的著作《观点与评论》中说道"万物之中，文明是最脆弱的"。在人类日常生活中产生的传统文化和技艺，也最容易随着时代变迁、生产方式的转变被时光抛弃在后面。"非遗"，就是这样的、从历史中走过来的脆弱文明。

云南作为"非遗"大省，散落在民间的"非遗"手工艺如同一粒粒珍珠，透过历史的尘埃依旧熠熠生辉。如何让"非遗"不仅仅活在历史中，更活在当下？这是每一个关注"非遗"文化的人都要思考的命题。

对此，建水紫陶非物质文化遗产代表性传承人、全国政协委员田静女士用20余年的坚持和创新探索，交出了一份不一样的答卷。

在20世纪城市化、大拆迁的洪流中，建水古城如顽石般幸存，在云南的城镇中因守旧而鹤立鸡群，以至于在今天的中国，人们要找回那些传统的建筑样式、生活方式、人情味等，只有去建水。从某种意义上来说，建水成了古典生活的活化石。

作为土生土长的建水人，田静的童年记忆是走在镌刻着岁月痕迹的青石板路上的求学时光，是夕阳西下带着丝丝缕缕汽锅鸡香气的家人呼唤，是在建水兴盛近千年的紫陶作坊里的熊熊炉火，是陶土在双手间的那份柔软和执拗。

"很多媒体都喜欢问我同一个问题：是什么让你对建水紫陶感兴趣的？其实没有什么特别的理由，就是骨子里与生俱来的一份情愫，是一种耳濡目染的乡土情结。"

从小就跟在哥哥身后玩泥巴的田静，对于建水紫陶表现出一种远超同龄孩子的"灵性"。"哥哥算是我最早的紫陶老师，但他从没有刻意教过我什么。我经常一边看着他制陶、烧陶，一边创作自己的小作品，空闲的时候他就会帮我修理一下。我现在还清楚地记得站在上千摄氏度的窑膛旁那股扑面而来的热浪，这也是我对建水紫陶最早、最直观的印象。"

很多紫陶匠人都喜欢这个悟性奇高的小姑娘，也乐于在做活计时将她带在身边。"很多老艺人都是不善言辞的，他们不会像课堂上老师教学生一样，一板一眼地跟你讲这个怎么做，那个怎么做，他们愿意让你看着他们制泥、造型、烧制，就是在教你了。"

就这样，田静从看别人做陶到自己做陶，渐渐有了些小气象，但苦于过于零碎。直到她拜入潘炳良师父门下，才正式开始了建水紫陶的系统学习。

学艺的日子是平淡的，也是枯燥的，一个爱玩爱笑的小姑娘难免会产生厌倦的情绪。师父告诉田静："手艺人做活时不能苦巴巴的，那样就做不出好东西。什么时候你坐在这里不烦了就算入门了。"

回忆起那段时光，田静笑称"自己忘记了具体是什么时候不烦了"，但那一定是个奇妙的瞬间，因为从那一刻起，田静真正与建水紫陶结下了不解之缘。

随着技艺的精进，田静越发意识到传统小家庭式作坊的种种不足，经过深思熟虑后，她跟父母提出想要报考江西景德镇陶瓷学院，以更为专业和广阔的视角来完善建水紫陶这一传统工艺。

尽管担心学陶过于辛苦，但最终父母还是支持她的决定。五年的系统学习，不仅让田静掌握了扎实的理论功底，也让她对建水紫陶有了全新的思考。

最大的乐趣就是不断挑战自己的"创作临界值"

"'非遗'的文化价值在于一地固有、一地独有、一地基因的传递，这些在建水紫陶上表现得尤其突出。从建水紫陶的泥料制作到烧造工艺，都充分体现了其唯一性和稀缺性。遗憾的是，在过去相当长的时间里，建水紫陶的这些特质都没有得到充分的发掘和应用。

"以泥料为例，建水出产的泥土含泥量本就极少，经过镇浆制泥后，含泥量更是微乎其微，用手触摸炼制好的紫陶泥，以'细如膏脂'一词来形容一点都不夸张。烧成色泽不仅具有金石质感，且莹润光洁，非常适于养玩。这本就是制造茶壶的绝佳材质，但传统的建水紫陶多是汽锅、茶罐、花瓶等单一器皿，鲜有茶壶造型。这在客观上极大地制约了建水紫陶走向更广阔的市场。"

看到这一契机后，田静逐渐将工作的重心转移到茶壶的制作上来。经过不断的技术创新，她逐渐掌握了一整套风格鲜明的制壶工艺。2005 年，她创立了建水首家以制壶为主的茗壶工作室。

第一个吃螃蟹的勇士总是会遭遇诸多的质疑，工作室创立之初，田静也着实被泼了不少冷水。其中，关于"建水紫陶高目数的材质特性，是否适合茶壶的制作"的争论尤为激烈。但倔强的田静和她的团队不为所动，全身心地沉浸在产品的研发中。

功夫不负有心人，工作室制作的茶壶茶具产品凭借独具匠心的设计感，逐渐在市场上崭露头角，其中尤以"璞炽""承瑜"系列最为经典，"璞炽"系列更是于 2015 年代表云南参加了米兰世博会，好评如潮。

2016 年，田静的作品《法喜壶》在 BMW Lifestyle "非遗"创意设计大赛中斩获银奖，其蕴古典美与现代美于一身的造型设计令众多国外设计师印象深刻，也让全世界重新见识到了中国"非遗"匠人的新风貌。

如何平衡传统与创新的关系，是困扰众多手工艺匠人的一大难题。对此，田静有着自己的理解："'非遗'手工艺的创新是线性的，不是也不应该与传统对立。我们需要思考，一个民族的文化支撑是什么；我们与生俱来、代代相传的文化根基是什么；如果这些文化失去了，我们还剩下什么？只有认清来路，才能更好地前行，只有踏踏实实地把先人留下的技艺琢磨透，才有资格谈创新。否则，所谓的创新只能是无本之木、无源之水。"

在长期对建水紫陶茶具传统造型进行研究及创新设计的实践中，田静传承并创新产品多达上千款。她通过整理并挖掘、研究传统龙窑烧制技艺，摸索出了一套成熟的建水紫陶龙窑烧制经验，通过长期实践熟练掌握各种窑变效果，并在建水手工制壶技艺基础上总结出一套较为成熟的壶把、壶嘴、壶纽粘接技艺及手工成型技艺。

"对我来说，最大的乐趣在于不断挑战自己的'创作临界值'，妙处就在于那些'似到非到'的小细节，戳破这层窗户纸，眼前就是一片豁然开朗的新天地。"

因成绩突出，2013 年，田静被命名为红河州第六批非物质文化遗产代表性传承人。2014年被命名为国家非物质文化遗产云南省省级传承人。

勇于担当，为云南"非遗"发展鼓与呼

全国政协委员，是田静的另一个身份，也是她肩上的一份沉甸甸的责任。"非遗"最怕兴于民间，死于庙堂，要活下去，还要火起来。为此，在每年的"两会"上，田静都会拿出几份高质量的关于支持"非遗"发展的议案。

在被问及"你对建水紫陶的前景如何看"时，田静用了"乐观"这个词，并感慨"再也不会回到那个困难的时候了"。她口中的"困难"，不是指资金，而是指人才。"工作室成立四年后，我开始带徒弟。当时完全是免费的，不是我风格高，而是很多文化程度比较低、家庭困难的孩子根本无力承担学费，还发生过家长大闹课堂，强行带走学生的事情。当时的感觉，就一个字：堵。"

为了留住建水紫陶传承的火种，当时并不富裕的田静毅然拿出资金，作为困难学生的生活补贴。这种费力不讨好的举动，也遭到了不少的嘲讽。但田静不屑辩解，她理解家长们的难处，更坚定了用建水紫陶改变一方落后面貌的决心。

春华秋实，田静的默默耕耘得到了回报：有越来越多的年轻人投身到建水紫陶的事业中去，这一古老的技艺在薪火相传中焕发出勃勃的生机。

谈到如今建水紫陶的发展，身为一分子的田静难掩欣慰之情："2005年，整个建水从事紫陶制作的作坊只有100余家，其中不少还无法做到持续生产，从业人数只有可怜的二三百人；如今，光注册在案的就多达1300余家，还不算没有注册的部分，从业人数更是高达二三万

人。整个行业正在呈现一种欣欣向荣的态势。

"但值得注意的是，随着建水紫陶市场的整体向好，也出现了一拥而上、过度开采建水泥料的现象，从长远看这既不利于行业的可持续发展，也不利于更高行业标准的建立。"

已故国宝级民俗学家乌丙安曾说过："每个民族的传统文化都是这个民族赖以生存的精神滋养，它在几千年的历史中培育起来，和这个族群息息相关。"

好在我们身边还有众多像田静一样的匠人在各自的领域内坚守、耕耘，因此，他们理应得到更多的关注，收获更多的敬意。

写于 2019 年 12 月 12 日

● 眭澔平：我想让无法出门的人看看这个世界

越旅行，越谦卑，因为只有怀着谦卑的心才能真正走进不同的文化。旅行不是一个结果，而是一个过程，一个让我们认识世界、认识自己的过程。正如玄奘西行，最大的成就不在于他带回了 657 部佛教经论，而是他用脚步丈量过 100 多个国家以及那些原本只存在于传说中的山川、地邑、物产、风俗文化。

"对于我而言，同样最值得骄傲的不是曾游历拍摄过近 200 个国家和地区、上千座城市，而是通过旅行这个'课堂'，让自己找到了隐藏在内心深处的'巨人'和'敌人'，也找到了上万个萍水相逢、珍惜再见无期的朋友。我相信，即使多年以后，他们依然会记得，有一个中国人曾走过他们的世界，这就是我最大的成就，也是最大的快乐。"

成功的男人千篇一律，成功且有趣的男人百里挑一。眭澔平就是这样一个"百里挑一"的男人：

他是学者，毕业于台湾大学历史学系；他是电视人，四夺台湾电视广播与主持采访金钟奖；他是歌手，四次将台湾音乐演唱与制作人金曲奖收入囊中；他是老师，胡一虎是他执教新闻传播学时的学生；他是作家，35 本书著作等身，被票选为台湾十大报道文学作家；他是美术设计师，台湾大学现用校徽的美术绘画设计便是出自他手；当然，他最"出名"的身份是旅行家，足迹遍布全球，被誉为"当代徐霞客"，拥有 2300 多万台湾同胞眼中"最令人羡慕的人生"。

笔者与眭澔平相识于四年前，这个名字着实有些难读的男人，有着一种与他主持的节目、写过的文字一般温柔敦厚的气质。记得初次见面时，笔者问过他一个问题：你是如何做到在这么多身份之间自如切换的？他笑着回答道："这些所谓的身份都是在从生活延伸到工作，再由工作延伸到自己理想的过程中产生的，对我来说一直都是同一件事情，那就是实践一种'知行合一'的人生，所以并不存在什么切换。"

那么，怎样才能拥有一个"知行合一"的精彩人生呢？眭澔平给出的答案是"读万卷书"和"行万里路"。他用自费行脚的方式，历时30 年，足迹踏遍 190 多个国家和地区，收集了 4 万余件珍奇的藏品、拍摄的纪录片也高达 6000 小时，其规模之宏大堪与一座中型博物馆媲美；制作汇集了超过 5000 小时的视频影像资料。

他说："我是一个人的'国家地理频道'，做的是一个当代世界文化史的'百家讲坛'。"

我是你的眼

眭澔平自助环游世界的原动力来自两个女人。一个是他多年来瘫痪在床的母亲，他要为母亲代步行走，从而使母亲足不出户却可以领略梦幻奇特的大千世界。另一个则是人们熟知的已故著名女作家三毛，眭澔平和三毛是感情甚笃的忘年挚友，三毛奇幻的旅行经历给了眭澔平无限的动力和勇气，他要继续三毛的脚步，继续三毛中断了的全世界生命和心灵之旅。

"童年的我，从来没有旅行过，也从来不知道自己可以做旅行的梦，因为家里的经济条件差，我还要赶回家帮我妈妈翻身子、拿便盆，跑不远。"

为了宽慰卧病的母亲，懂事的眭澔平每天趴在母亲床前，给她说外面发生的故事，甚至将母亲无法亲见的场景用绘画或歌唱的方式展示给母亲看和听。

"记得有一次，我在隔壁空的病床上，给母亲表演第二天我将参加儿童歌唱比赛的节目。当时，我一边跳一边看着窗外午后的阳光洒在草地上，那种充满生命力的光泽，如同涂在面包上的黄油一样温润、迷人。望着弥留之际的母亲，我的心很痛很痛，我就想：为什么我的母亲连这样的景色都看不到？从那时起，我就决定将来一定要出去走走，替母亲看看这个精彩的世界，也替终其一生因为个性、环境、经济、健康等因素而无法走出世界的人，一起透过他亲身经历的视频感受外面的世界。"

如果说母亲为眭澔平的旅行梦埋下了一粒种子的话，那么三毛的出现以及一年后的去世则是直接让眭澔平走上了环球旅行这条路。

眭澔平与三毛的相识缘于一次采访，初次见面，三毛便以她的明快与热情、爽朗与率真让眭澔平欣赏不已。其后彼此亦有酬酢往来。虽然两人相差十几岁，但抵掌而谈，相处甚欢，遂成莫逆之友。

三毛自杀时，眭澔平刚及而立。作为三毛最亲密的友人，他躲开了一切媒体的追访，奔赴英国留学。途中，他在三毛死前亲手相赠的著作《滚滚红尘》剧本中抽出了那张薄薄的、三毛最后留给他的便签，看到那句"好，同志，我要走了"的时候，泪如雨下。

远在天国的三毛已无法知道，眭澔平的人生，多年前，就因为她的离去而发生了改变。其后，他辞去了名利双收的主播职务，以最艰苦的方式开始了他 30 年的环球之旅，履行与三毛的"生死之约"。

"在三毛过世的前几天，她问我想不想学潜水。我回答：完全不想，因为小时候有三次差点淹死的经历。可是，三毛逝世后，我却到英国考了最难考的潜水执照。三毛的先生荷西生前爱潜水，也因潜水而死。考到潜水执照以后，我到了荷西最后梦想的所在地百慕大三角洲，也算为三毛和荷西实现了心愿。"

从 -40℃的冰天雪地，到 40℃的炙热难耐；从百慕大海域潜水，到土著部落被钉上十字架；从西班牙加纳利岛三毛故宅，到三毛笔下的非洲西撒哈拉沙漠；眭澔平环游世界，写下大量的旅行日志和怀念三毛的歌曲。

眭澔平用摄像机记录了旅行的点点滴滴，他说："我不仅想做我母亲的眼，接续三毛没走完的路，还想让那些因为各种原因不能走出去看看的人，看看这个世界。"

旅行，遇景，遇人，遇自己

2004 年 4 月 9 日，眭澔平为了拍摄一年一度的真人钉十字架仪式，来到位于菲律宾邦邦牙省圣彼得镇的古毒村，他不仅作为观众目睹了这一让人惊骇的仪式，还作为主角上演了一场惊心动魄的《耶稣受难记》：被绑缚在一个高大的十字架上，一枚长约三寸的四方形不锈钢长钉被敲进手掌心，被绑钉在十字架上的他被竖起然后进行长达 20 分钟的悬吊示众。

很多媒体在还原当时情景时，发现视频里充满着传奇的色彩，眭澔平在十字架上竟然还能高声吟唱圣歌，但实际上是："除了被钉钉子时穿透骨髓的疼痛外，被竖起后每阵微风拂过、每个震动都会给他招惹撕心裂肺的剧痛折磨。"

最终，眭澔平以超人的毅力和胆识完成了这一项除了当地极少数志愿者以外无人敢尝试的千年传统挑战。事后，他回忆说："其实每个人心里都住着一个巨人，同时也潜藏着一个敌人。我当时心里也充满了恐惧感，自己必须和这个敌人搏斗，事后才发现原来自己是可以超越这种恐惧而抵达一个提升自我身心的高妙境界的。"

为了解开菲律宾国师徒手穿肠治病能力之谜，眭澔平还曾亲自躺在手术台上，自愿担当了实验工具。虽然事后证实这一切不过是场骗局，他思考的却是："真假真的不重要，为什么那么多人，包括我，在经历了治疗后会感觉非常有效？这印证了'因信念而得救'这句话。"

"我曾造访过新几内亚的食人寨，在当地的伊里安查亚达尼人看来，每当一个男性亲人过世，为了表达哀思，女性就应该用石斧剁掉自己的一个指节。所以，我看到了一个双手仅剩下十个指节却还依然劳作的老妇人。

"对于这种风俗，你可能会觉得很残忍，对这个老妇人的'不幸'遭遇很同情，但是，文化需要包容和理解，需要一种博大的胸襟，面对一种未知的文明，任何人都没有指指点点的资格。当你走过的地方、遇到的人、经历过的事越来越多，我们就会变得越发谦卑。"

也有人质疑眭澔平的记录方式是否有更现实的原因，毕竟旅行是一件需要有钱有闲的事。真诚的记录，作品完成后，则有一笔可观的入账。对此，眭澔平曾在博客上说过这样一段话："大家透过电视节目可能都以为我们的旅行很好玩，或是以为我有电视台或大企业的拍摄小组赞助同行，其实完全没有，甚至根本是多年来我一个人疲于奔命、备极辛劳的旅行拍摄。"

"每次出国，最耗费的就是机票，我食宿尽量在当地人住处，一方面省钱，另一方面利于交友与就近观察。"但有些钱实在省不下来，如他到苏丹、肯亚与衣索匹亚交界的奥姆河谷，找寻把嘴巴切开、下排牙齿敲断，以便放一个陶盘的摩尔西族，包机外带吉普、翻译等旅费，就花了大约 40 万元，除了南极这是旅行花费最贵的一次。

尽管他自己说得云淡风轻，但旅行就是一个"不入虎穴，焉得虎子"的过程。即使是事前做足功课了，突发事件仍然可能会接连发生。

"无论生活、工作还是旅行都不可能永远遇上真善美，有时也会遭遇黑暗、丑恶、虚假……旅途中的未知才是对我最大的吸引！"

当然，眭澔平也有过很多有趣的经历，特别是超越语言、文化等种种差异，竟然也能结识到真心与共的生死之交。

"人和人之间就像两面镜子，当你审视别人时，别人也在审视你。另外，我是一个很接地气的人，我既贪吃又贪玩更真诚贪心地想了解每一个当地的庶民文化。"

当下，一场说走就走的旅行似乎成为年轻时尚一族的"标签"，对此眭澔平的观点是："不管你旅行的目的是什么，只要走出去就好。在这个过程中，你会有惊喜，也会有失望，但不论是什么，都坦然接受吧！'横看成岭侧成峰，远近高低各不同。''如人饮水，冷暖自知。'这都会成为我们生命中一段弥足珍贵的回忆。"

写于 2017 年 11 月 22 日

● 费宣：一个行走的读书人

费宣是一个有趣的人。这种有趣不仅来自他的谈吐，他的学识，他的各种让同龄人瞠乎其后的经历，更多的是来自他的思想。作为一名新中国的同龄人，费宣对于多元价值观表现出来的包容以及对一切新鲜事物的好奇心，都让这个并不高大的男人充满了一种别样的魅力。

用世俗的标准看，费宣的前半生过得非常充实，甚至有些"耀眼"——知名学者、国企领导、商界名流，当这些标签组合在一个人的身上时，我们基本上可以顺着固有的思路勾勒出这个人未来的生活轨迹。但凡事都有例外，费宣就是这个例外。2007 年，在事业达到顶峰时，他选择了辞官、探险，这种戏剧性的转折颇有几分古代侠客"事了拂衣去，深藏功与名"的味道。

"我是非常真诚地想退下来让年轻人去干的，当年也是老领导把位子让给我们的，今天我为什么不能让呢？"费宣笑称自己一直是一个"工作在体制内，思想在体制外"的人，"我的职业生涯是结束了，但我人生的下半场才刚刚开始。所以我非常感谢领导同意我辞职。"那一年，他 58 岁。

世界观是需要用脚步丈量的

作为一名资深的地矿专家，亲近自然已经成为费宣骨子里的一种特质。当他遇到同样"不安分"的金飞豹时，一切都显得那么顺理成章。"当飞豹向我说出穿越格陵兰岛冰盖的探险计划时，我只用十分钟就做出了决定。"

"其实最开始是打算去南极，当时由于种种原因就耽搁下来了。"为了安慰家人，也是为了预防不测，在启程前往格陵兰前，费宣想购买一份保险，但是当时没有一家保险公司愿意提供担保。一位业务员还对费宣说："你这样的年纪就别去了，北极探险是老外玩的事，你凑什么热闹？"

无奈，费宣和金飞豹在没有意外保险的情况下踏上了北极之路。"踏上格陵兰之前，你会被它的美丽神奇深深吸引，但真正开始徒步探险，只能用煎熬来形容！"-40℃左右的极寒、肆虐的寒风，加之密如蛛网的冰盖裂缝、一眼望不到头的冰原，这一切都让费宣的生理和心理遭遇了巨大的挑战。

"整个环境是非常湿冷的，连眼睫毛都经常会被冰盖住，要慢慢清理好，才能继续前行，很多人的鼻子都冻烂了。有的冰盖裂缝宽达几十公里，有时候走一天都绕不过去。"

23天，徒步600公里，历经无数生死考验的费宣，与金飞豹一起创造了一个纪录：首批穿越格陵兰北极冰盖的中国人。突发浪漫情怀的费宣写了一张字条："今天，当我经历着自选的磨难，应让我所爱的人们，能赎去往生中些许的不当；今天，我在磨难中的祈盼，是愿我所爱的人们，更能珍惜今世中已有的平淡！"然后将字条装入瓶子埋入雪中，融入格陵兰冰盖。

"中国人常说：读万卷书，行万里路，西方哲学也崇尚人与自然的交流。在大自然面前，人类太渺小了，怀着敬畏之心去感悟自然之美，去验证你以往对于世界的看法究竟是不是片面的、失真的，从这个角度讲，世界观是需要用脚步来丈量的。"

年龄，是对我的一种褒奖

2009 年 4 月 25 日，费宣躺在撒哈拉沙漠上，这一天是他 60 岁的生日，"生日大餐"则是一盘非洲特色的高粱米饭。傍晚的沙漠温度已经降了下来，抬头是灿烂的星河，星光倒映在尼日尔河上最大的内陆湖——德博湖上，波光粼粼。"这是世界上最奢侈的酒店床位。"

对于这片世界上最大的沙漠，是地质出身的费宣向往已久的地方。在穿越过程中，他还发现了两座金矿剖面，一座黑云母矿剖面，一座铀矿剖面，他都记下了坐标，采了标本，做了记录。而在阿尔及利亚和利比亚交界处，撒哈拉腹地自然环境最恶劣的地区，费宣更是发现了一条很有价值的金、银、铜、铅、锌混合矿产露头。"我们经过的很多地方都是地质工作的空白区，露头很清楚，地质现象也很标准。这是探险家才能碰到的好运气。"

此次撒哈拉之行，费宣实现了中国人首次穿越非洲撒哈拉沙漠探险考察活动。至此之后，他的探索脚步一发而不可收：与金飞豹一起，从徒步考察百年滇越铁路，到自行车骑行东南亚七国；从台湾环岛骑行，到怒江、澜沧江、金沙江三江并流的地质考察，费宣一直行走在路上。

"每次出发前我都会花大量的时间看资料，做大量的准备工作，重点就是地质发展史、地质结构、矿物，还有当地的文化、社会发展史，回来后还要看大量的资料，消化我的考察收获。古人说的是读万卷书，行万里路，我觉得行了万里路回来，更要读万卷书，知识才能更充实。"

"的确，我不年轻了，但是年龄对我来说，不是一种负担，更像是一种褒奖。"2010 年，费宣成为当时登上 5400 米海拔的哈巴雪山的年龄最大的中国人。2014 年 4 月，他则将"徒步到达北极点的年龄最大的中国人"的荣誉收入囊中。就在 2015 年，他与金飞豹完成了从东到西，骑自行车横穿美国的壮举，把昆明市市长的友谊信件，送到了沿途八个美国城市市长的手中。

我是一个读书人

年纪轻轻便担任了省地矿厅副厅长，主持完成了国家第一个国外（澳大利亚）矿权转让项目；操盘过省内一家大型国有企业，工作成绩斐然；辞职后，环游世界，铭刻了许多中国人的"第一次"……但当问及如何评价自己时，费宣思考了几秒，笑着说："如果可以，我希望别人称呼我是一个读书人。"

"读书，对我来说，是一件贯穿一生的事情。"无论是当年在地质队工作，还是后来担任领导职位，费宣身边从来没有少过书。"在怒江调研期间，工作之余没有网络，很安静的氛围，正好用来读书。"

"阅读的过程就是与先贤、与作者对话的过程。在这个过程中，你会接收到很多信息，有的可以相互佐证，有的则是南辕北辙，你会逐渐学会比较、学会遴选、学会在认同中找出自己的偏颇，在否定中发现自己的共鸣。这对培养一个人的独立人格和独立思考的能力而言，非常重要。

　　"行走与阅读，一个是在检验你以往认知的东西，一个是在帮你更好地去了解这个世界。格陵兰之旅促生了《探险格陵兰》一书，这是一个中国人的视角，也是一个世界人的视角，当两者重合在一起的时候，本身就会产生一种有趣的化学反应。

　　"谈到地质，很多人的第一反应是艰涩难懂。为此，我的新书《云南地质之旅》特别邀请了云南知名的漫画家李传志一起参与内容的创作，会用漫画的形式把一个个地质名词翻译成轻松的生活语言，与大家分享很多有趣的地质话题：比如，昆明会不会发生大地震，少数民族地区带有神秘色彩的地质现象等。"

写于 2016 年 3 月 15 日

● 张国政：我一直信奉"坚持"两个字

　　"如果给举重这项运动的精神做个注脚，我认为最恰当的词是'坚持'。这也是我从一名运动员到教练一直信奉的两个字。没有坚持到最后一刻，一切都是未知。顶得住压力，耐得住寂寞，你才有可能举起人生的'杠铃'，完成一场漂亮的比赛。"

　　熟悉举重运动的体育迷们都知道，与全面开花的女子举重相比，我国的男子举重无疑有些"偏科"：一方面中小级别在国际赛场上摘金夺银，而另一方面男举大级别却在很长一段时间内，连"重在参与"都做不到。以至于近十几年的世锦赛，中国男举都很少派出队员参加94 公斤、105 公斤和 105 公斤以上级别的角逐。

　　这种"尴尬"的现象在 2014 年仁川亚运会上宣告了终结：先是刘灏拿到了中国举重在 94 公斤级的亚运首金，之后杨哲又成为在 105 公斤级实现亚运卫冕的第一人。这场"突围战"的指挥官正是 2004 年雅典奥运会男子举重 69 公斤级冠军张国政，此时的他有了一个新身份：中国国家男子举重队副总教练。

　　纵观中国体坛，由运动员转型成为教练员的例子可谓比比皆是。

从这个角度上看，张国政似乎并不"特殊"。然而只有熟悉他的人才知道，从 2008 年退役到 2014 年重返国家队，这个跨越了六年的决定，正是这个"小个子"的大男人对于"坚持"二字最好的诠释。

坚持：终进国家队

"出名要趁早"，这句话不仅适用于娱乐圈，同样也适用于竞技体育。25 岁，对大部分运动员来说，应该是个"功成名就"的年纪了。如果参照这个标准，那么张国政无疑是"大器晚成"的代表。1997 年，还在北京体育大学念书的张国政代表云南队参加全运会，取得了第三名的好成绩。原打算就此可以顺利留校任教，但上天跟他开了一个不大不小的"玩笑"：1998 年毕业时因为没有指标，最后回到云南队担任了举重教练。

"既然要从事举重运动，那就要进国家队！"怀抱这份"坚持"，加之刻苦的训练，张国政夺得了当年全国举重冠军赛的冠军，凭借这次夺冠，25 岁的张国政终于叩开了中国国家队的大门。

坚持：从悉尼落败到雅典夺冠

2000 年，悉尼奥运会男子 69 公斤级挺举比赛中，张国政挺举第三次时，把 190 公斤的杠铃举过了头顶，但没能坚持住，杠铃从身后落下，最终总成绩排名第四，无缘奖牌。"当时肯定是很沮丧的，因为奥运会是四年一次，这次没抓住，就又要等一个四年。但我告诉自己：既然已经发生了，沉浸其中没有任何意义，悉尼输了，咱们雅典见！"

之后，张国政更加刻苦地投入训练中，运动生涯也随之进入了一个"顺风顺水"的时期：2001年夺得全运会男子举重69公斤级冠军；2002年釜山亚运会冠军，同年世锦赛勇夺两金；2003年在亚洲举重锦标赛和世界举重锦标赛上再次夺冠。2004年雅典奥运会上，在当时国际赛场上"求一败而不可得"的张国政如愿将男子69公斤级的奥运冠军收入囊中，他的运动生涯也达到了最高峰。

坚持：抱得美人归

在雅典奥运会赛后新闻发布会结束后，张国政迫不及待地给妻子打电话报喜。他手摁着受伤的腰，兴奋地大叫："老婆，你高兴不高兴？开心啊？我爱死你了！"也就是镜头前这个电话把张国政的妻子高文娟推到了公众面前。

张国政与爱妻高文娟是中国举重队标准的神仙眷侣，谈到两人从相识到相知，张国政幸福之余也带着一丝小得意："追求老婆的过程再次印证了坚持就是胜利。"当时，在北京体育大学读书的张国政听说大一有个学妹是同乡，"我见到她，第一次知道了什么是一见钟情。"那段时间，张国政把举重的全部劲头都用在这个姑娘身上，一纸情书送到高文娟面前。

当两人慢慢成为朋友后，高文娟斟酌半天说出了心里话："我们真的不可能。每个女孩心中都有自己的理想人选，你的身高和我想要的还是有点差距。"张国政身高1.64米，高文娟则是1.68米，一个小小的遗憾成了姑娘拒绝张国政的理由。

"傻小子，这姑娘可是她们班的班长。身材好，长得漂亮，还是学健美操的，又是品学兼优的班长。你呀，还是趁早死心吧！"身边的朋友开始给张国政打预防针。不说倒好，一说，倔强的张国政就更不放弃了。

功夫不负有心人，在张国政的坚持下，高文娟也开始接受了这个赛场力士的"柔情"。在她的鼓励下，张国政顺利入选国家队。2000 年，高文娟从北体大毕业，为了张国政，她放弃了去南方发展的机会，留在了北京，并通过自己的努力，考入了丰台区公安局，成了一名女警察。

2001 年，张国政出征全运会前，他对高文娟说："你看我都要打全运会了，要不咱们把证领了吧？好让我安心嘛！"就这样，没有豪华的钻戒，甚至没有举行一场像样的婚礼，两人照样幸福地走进了婚姻的殿堂。

雅典奥运会夺冠后，张国政为妻子"补办"了一场盛大的婚礼，央视体育频道的体育新闻栏目也对婚礼进行了转播报道。

"一路走来，我的所有成绩都与妻子的支持是分不开的。"在谈及爱妻时，张国政充满了感激与幸福之情，"出征雅典前，她把一封信塞进了我衣兜里，让我比赛结束之后再看。当我夺冠后打开那封信，上面写道：'亲爱的，如果你得到了金牌，那说明老天是公平的，因为你是多么坚强；如果你没有，我也不会怨天尤人，因为我永远地得到了你。金牌可能会改善我们的生活，但我们的感情永远不会改变！'"

坚持：从冠军到冠军教练

雅典奥运会后，张国政再接再厉，又拿下了 2006 年多哈亚运会、2007 年泰国世锦赛的冠军，正当他信心满满地备战 2008 年北京奥运会时，他的竞技状态却出现了起伏，最终落选北京奥运会。这对于张国政是个巨大的打击，退役后的一年多时间里，他也沮丧过、消沉过，但骨子里不服输的劲头最终让他走出了这段灰暗的时期。

"运动员生涯是我人生的第一个高峰，我还年轻，为什么不去创造属于自己的第二个、第三个高峰？"2009年，张国政通过竞聘，成为北京体育大学竞技体校的副校长。"虽然离开了国家队，但我还是一直关注着男子举重这项运动。"2014年，仁川亚运会上，众多举重迷惊喜地发现，张国政再次出现在了中国体育代表团的队伍里，此时他的身份是中国男子举重队副总教练。

"换了一种身份，责任也更加重大，以前作为运动员管好自己就行。这次身份转变对我来说也是一种新挑战，希望通过自己的努力，将这些年当运动员的心得、宝贵的经验传授给队员们，让他们在比赛中真正发挥出自己应有的水平和实力。"

尽管谈及此次参赛目标时，张国政的回应非常低调，之后的比赛结果却让众多举重迷大为欣慰：此次亚运会上，中国男子举重不仅保持了中小级别的优势，在一向薄弱的大级别项目上也实现了历史性的突破。

"中国男举大级别的突破，是几代中国举重人的梦想，更是拓展奥运参赛级别的需要。"为此，男举国家队特别成立了大级别攻关组，由张国政担任组长，经过他的悉心指导和严格要求，在仁川亚运会上，刘灏、杨哲和艾雨南拿下两金一银，让中国男举大级别第一次在亚洲赛场扬眉吐气。

"我不想做一个说教者，而是希望可以用自己的亲身经历与各位朋友做个分享：从我以前练举重到现在，我一直信奉两个字就是'坚持'，没有坚持到最后一刻，一切都是未知的。运动和人生的道理是一样，顶得住压力，耐得住寂寞，坚持初心，那么你离一场漂亮的胜利就不远了。"

写于2016年2月16日

● 王平久：我不是音乐人，我是奥运人

"今年的第一场雪，我看见了，却错过了，无法奔跑在旷野中，像小时候一样追赶雪花。那一天，我望着窗外，依依不舍，就像七年前，望着鸟巢上空那渐渐熄灭的奥运火炬，依依不舍。"

2016 年春晚，歌唱家陈思思的一曲《雪恋》艳惊四座。观众在美妙歌声的引领下穿越时空，走进这个"我"眼中的大千世界，也传递出一种国人百年寻梦的奥运情结。近 20 位年轻的体操运动员用身体组成各种冰雪图案，配合大屏幕，呈现出万花筒多棱镜式的视觉艺术效果，展现自强不息、团结协作的运动精神。

作为北京张家口申办冬季奥运会成功时发布的歌曲，《雪恋》所传递的情感精神更是具有深远的意义。"我的眼，万物众生多少年，一枝梅花是冬天……"优美大气又饱含深情的歌词，让除夕之夜守候在电视机前的亿万国人心潮澎湃。这首歌的词作者正是与奥运有着不解之缘的王平久老师。

王平久的身份很多：军人、新闻人、策划大师、圈内炙手可热的作词家……但在王平久自己看来，他的身份有且只有一个：奥运人。

1999 年，王平久从军的第十个年头，他做出了一个让人惊讶的决定——转业。28 岁的他进入了北京电视台，成了新闻中心的主任助理，负责北京电视台的节目整合工作。2000 年，一次"申奥有我"的活动让王平久与奥运有了第一次交集，当时的他大概也没想到之后会是一场漫长而又充满挑战的战斗。

2004 年，北京奥组委需要有策划经验的工作人员参与奥运筹备工作。作为奥运工作人员首先要过语言关，尽管王平久的英文并不理想，但是因其超强的活动策划组织能力，被特批进了奥组委。在很短的时间内，他就实现了从项目主管、专家到北京奥组委奥运会文化处处长的角色转变。

奥运倒计时系列活动、奥运火炬传递系列官方活动、奥运会歌曲征集推广活动、奥运会期间官方活动……几年里几乎每个月都会策划组织国际性大型奥运文化活动，处处都可以看见王平久的身影，他也成了奥组委出名的"拼命三郎""智多星"。

奥运是我们的信仰

"据说网上有我在奥运期间晕倒在现场的记录高达十多次，同时还记录着上百场的大型活动与我有密切的关系。我感谢奥运，感谢奥运给我的平台，给我那些志同道合的兄弟姐妹，让我们一起为祖国赢得荣誉。"

在奥运期间，王平久创下了很多"第一"，比如，他是奥林匹克中心区第一个被救护车送到医院抢救的。连续工作几天几夜不睡觉，血压到了 180、190，还在工作现场干活。那时的他，最怕媒体采访他，因为怕家人看到他如此拼会心痛，不放心。

"那几年确实很拼命，常常体力透支，几乎每次大型活动后都要住院。"王平久笑着说，"最危急的一次，病危通知书都下了。

"有人问过我，你就真不怕死吗？奥运真的那么忙，有必要那么付出吗？我真的无法用语言回答你。我知道当你站在奥运现场时，你会感受到无数的目光看着你。从中国第一次参加奥运会，到提出申办奥运梦想，到我们第一次申办失败，还有后来的再次申办，到申办成功。七年的筹备，到最后，接力棒交到我们手里，该我们去百米冲刺，我们没有选择，只有奋不顾身。这是国家荣誉，这是民族尊严。

"我绝不是奥运的悲壮者，而是幸运者。听那《北京欢迎你》，看那《中国故事》留下的足迹……太多了，无处没有我们的身影、我们的故事。那个时候，我和我的团队一起拼，一起笑，一起哭，一起分享奥运的成功喜悦。在每个外国人面前，我们就是中国人，就是中国人的真诚。"

人一辈子永远要知道自己是谁

尽管一直自称为"业余词作者"，但几年来几百首高质量的作品让"王平久"这个名字成了品质的代名词。成龙唱过他写的《生死不离》，游鸿明唱过他写的《英雄》，莫文蔚唱过他写的《再看一眼》……

他与成龙的合作，从筹备北京奥运开始，就再没有中断过。有人做过统计，2008年王平久创作的13首歌曲中，成龙演唱了其中6首。北京张家口冬奥会申办成功后，王平久还特别为成龙量身定制了一首歌曲《叫醒冬天》："他（成龙）特别喜欢其中的一句歌词，大家听听看，能否挑出来。"

"这些年我记住了一句话，轿夫只是抬轿的，不能跑到轿子里去坐，人一辈子永远要知道自己是谁，别去嘚瑟、别去贪婪。写歌也是如此。也正是这样，我毫无负担。

"在我创作的所有奥运歌曲中，我最喜欢的是《重逢》，那是我们奥运人的重逢。《冰雪舞动》是北京张家口申办 2022 年冬奥会的第一首歌曲，感谢我的奥运恩师蒋效愚指正，感谢谭晶和孙楠无比的信任和支持。《北京祝福你》应该是大制作，177 个优秀歌手和运动员参与了演唱拍摄。值得隆重推荐的是《和平歌》，这也是一首大制作的歌曲，是 50 多个最有才华的年轻音乐人共同制作的，一点不夸张地说，他们是中国未来流行音乐的坚实力量。"

手机就是王平久的创作工具，他没有时间坐下来慢慢写，总是趁着吃饭或者某些活动的空当记在手机上。"有时候我也开玩笑地和他人说：我羡慕一些真正的音乐人，他们可以被邀请采风，我的活动很多，更多的时候是用手机在路上进行创作，如《北京欢迎你》的歌名就是这样诞生的。我觉得这是表达心情的东西，是有感而发的。"王久平如是说。

我用生命为奥运歌唱

此次申办 2022 年冬奥会，以王平久为代表的音乐人们创作出了《叫醒冬天》《冰雪舞动》《请到长城来滑雪》等一批申冬奥歌曲，为申冬奥评估争取到不可忽视的印象加分。其中由成龙演唱的《叫醒冬天》更是被评选为特别推荐歌曲。

"歌曲是宣传冬奥会最好的语言和口号之一，激发出人们对奥运的热情，传递出对奥林匹克精神的理解。"如今冬奥会申办尘埃落定，王平久笑称"希望可以再次推出像《北京欢迎你》这样的传唱度高的作品"。

　　"2022 年冬奥会的时候，我们这代音乐人该退出音乐江湖了，该是年轻人的天下了。家人说该把你的歌整理一下，出张专辑，至少可以送朋友，我就很自然地把为北京联合张家口申办 2022 年冬奥会写的歌曲整理出来了。

　　"我可能是为这次申办冬奥会写歌最多的一个人，因为我坚信我们的申办会成功。因为我们的真诚能感动上天，我们激动的泪水……"

写于 2016 年 2 月 25 日

● 金飞豹：我超越了这个时代十年

当一个人超越时代一小步时，他是大家眼中的偶像；可当一个人超越时代太多时，他则沦为大家眼中的"异类"，受到的不是赞誉，而是质疑甚至毁谤；很"不幸"，金飞豹恰好属于后者。

"当年那些批评我的文章如今都收藏在档案馆里，这些东西动摇不了我的目标和信念。相反，现在回头看，我可以说自己的观念意识真的超越了这个时代 10 年。时至今日，还能保持这种'超越'的状态，是我最值得骄傲的一件事。"

如今，每年 6 月 5 日，珠穆朗玛峰脚下都汇聚了一大批来自世界各国的环保机构及志愿者，共同参与珠峰垃圾的清理活动，其中不乏安利这样的世界 500 强大公司。但是，恐怕没有多少人知道，这个活动的发起人正是金飞豹。

"当年（1996），我发起珠峰清洁活动时，有人就画了幅我在太空中拿个网兜捞垃圾的漫画来讽刺我。"谈及当年被"口诛笔伐"的遭遇，金飞豹的脸上没有丝毫的怨怼之情。这个在当年超前得有点"不着边际"的口号，恰恰成了现在深入人心的环保理念。"看到自己当初的起心动念被贯彻了下来，就是最大的肯定与回报了。"

世界上完成"7+2"探险最快的人、联合国环保署亲授的环保大使、奥运邮票收藏世界第一人……这些"耀眼"的头衔共同勾勒出了一个外人眼中的金飞豹。一路走来，关于他是否在"作秀"的质疑不绝于耳。而真正熟悉金飞豹的人都知道，这些所谓的"作秀"不过是一个有责任感的男人对自己的"基本要求"。

12元奥运旗帜飘扬七大洲最高峰

北京2008年奥运会申办成功的消息传出后，金飞豹再次敏锐地抓住了这个时机，经过他反复的调查研究，发现自1953年人类首次登顶珠峰以来，从未有人在世界最高峰上展示过奥林匹克的旗帜。"既然之前没有人做，那么我就做这第一个！"怀抱着这份豪情，金飞豹专门飞抵北京，与北京奥组委协商，希望可以得到一面由奥组委授予的旗帜。遗憾的是，由于种种原因，北京奥组委婉拒了他的请求。

心灰意冷地回到昆明后，一次偶然的机会，金飞豹来到文庙的"广告牌匾制作一条街"，走进一家店，看到一位老人在制作旗子，就询问制作一面五环旗要多少钱，老人头也没抬地回答道："12元！"金飞豹不禁哑然失笑：早知如此，自己何必千里迢迢飞到北京这顿折腾？花24元做了两面五环旗，"当时的想法很简单，在登山过程中，万一有一面旗子坏了，还有个替换的"。于是乎，自2006年成功登顶珠峰，这面12元的奥运旗帜伴随金飞豹笑傲世界九大极点，也成为百年奥运史上的一段佳话。

探险家要对自然保持敬畏

"很多人，谈到探险，尤其是登山，都有一种征服的感觉，追求把一座座高山踩在脚下的快感。其实，这种想法值得商榷。这么多年来的探险历程告诉我一个道理：自然不是用来征服的，人与自然的关系应该是和谐共存的，身为探险家更要对自然保持敬畏。"早在几年前，金飞豹就与朋友一起向政府发出倡议：希望政府可以颁布相关法规，禁止攀登诸如梅里雪山等宗教圣山，金飞豹本人更是带头承诺绝不攀登梅里雪山。

"近年来，来梅里雪山转山成为一种'流行'，尤其去年是梅里雪山外传经的大年，这就导致了在梅里雪山转山的路上堆积了大量的垃圾。虽然政府在沿线竖立警示牌，劝诫大家不要乱丢垃圾，但是这种不从宗教角度出发的劝诫效果微乎其微。所以，在明年，我打算联合梅里雪山附近的活佛，一起发出倡议，如果你在转山途中丢下一片垃圾，你的灵魂就得不到救赎。如果可以施行，相信梅里雪山的垃圾问题会得到立竿见影的解决。"

"我今年53岁，希望自己可以在65岁时再攀登一次珠峰，创造一个中国人攀登珠峰年龄最大的纪录。如果在这个过程中，有人超越了这个年龄，那我就再等几年。"采访结束时，金飞豹笑着与笔者做了一个约定。

走出金老师的办公室，笔者不禁有些感慨：人，活着，总归要有点精神，我们无法效仿金老师的壮举，但是至少，在心态上、意识上，不妨对自己"苛刻"一点，对自己的生活多"策划"一些，也许你会发现，在每天似水流年的日子里，我们也能寻找到那份属于自己的自豪与感动。

写于2016年1月14日